呼兰旧事 空回首

萧红传

张庆龙 著

华文出版社
SINO-CULTURE PRESS

图书在版编目（CIP）数据

呼兰旧事空回首：萧红传 / 张庆龙著. -- 北京：华文出版社，2018.3
 ISBN 978-7-5075-4799-3

Ⅰ.①呼… Ⅱ.①张… Ⅲ.①萧红（1911-1942）—传记 Ⅳ.①K825.6

中国版本图书馆CIP数据核字（2017）第287254号

呼兰旧事空回首：萧红传

著　　　者：	张庆龙
责任编辑：	王思惠
出版发行：	华文出版社
社　　　址：	北京市西城区广外大街305号8区2号楼
邮政编码：	100055
网　　　址：	http://www.hwcbs.com.cn
电　　　话：	总 编 室 010-58336239　　发 行 部 010-58336267
	责任编辑 010-58336209
经　　　销：	新华书店
印　　　刷：	天津嘉杰印务有限公司
开　　　本：	880×1280　1/32
印　　　张：	7.5
字　　　数：	145千字
版　　　次：	2018年3月第1版
印　　　次：	2018年3月第1次印刷
书　　　号：	ISBN 978-7-5075-4799-3
定　　　价：	36.00元

版权所有　侵权必究

前 言

  命运的洪流太过凶猛,置身其中犹如被卷入漩涡,从一开始就失去了所有的平衡力。每一个人都常会被命运的无力感囚困着。

  萧红的一生便是如此。年幼失母,年少丧家,被父亲开除了族籍,成了无根的草,连同她的生命,注定漂泊一生。但萧红非常坚强、倔强,虽是浮萍一梦,却不曾枉费此生。在回忆里,幸得精神乐土,绽放光彩。

  萧红用梦中的呼兰与花园来抵抗她生命中的诸多不幸:童年、爱情、病痛、孤独与早逝……在这悲喜的一生中,一阵阵的"冷雨寒风"自窗外呼啸而过,她用明丽越轨的文字抵挡终生无以排遣的荒凉、寂寞,也感受文字带给她的幸福与快乐。她像一只金翅鸟,热望着自由、温暖、爱与光明。

  她的人生,是一首跌宕的歌,让人落下泪来,又笑出声音,沉默下去,是哀伤连绵不断地涌来……

  她冷冽的文字,印刻着生与死的轻易和沉重。她的率性和敏感,描绘着世间的悲欢……

  有人说:"萧红文中的悲悯和讽刺,可说是直承鲁迅的衣钵。萧红对人生是小处嘲讽,大处怜惜;张爱玲则是小处留恋,大处冷漠。

张爱玲是冷的,萧红是热的。"

纵使岁月凄苦,她也遇到了美丽的爱情。一个年轻女子,躲在小小的屋子里,寒冷里穿着单薄的衫子,面对着空空的四壁,翘盼爱人归来,心中即是无限安宁和满足。

然而,往昔的美好仓促即逝,当情薄缘尽,她只道:"三郎,我们分手吧。"

这是萧红对萧军说的一句爱情结束语。只此一言,他们所有的情爱与怨恨都永远地划下了界限。她轻轻拂袖而去,却是此生诀别,在他们青春的时刻。从此也天各一方,一生再未相逢。这离别,如此轻飘,却又格外沉重。

无论她的生命中有多少逃亡与饥饿,无论她面对多少困苦与不幸,她都用她的笔无声地诉说着,渴望自由,不受牵绊。她的字,凝华成一句叹息,一种声音,一种风景,一抹色彩……她的笔端,总是流淌着深情。呼兰河的故乡,是她难忘的旧梦。伤害也在,温暖也在,那是铺在生命底处的色彩。

她笔端的风景,是"一幅多彩的风土画,一串凄婉的歌谣",仿佛一股暖风,直吹进心里,感觉到亲切的来自土壤的芬芳,缥缥缈缈、遥遥远远的,仿佛记忆,在异乡的城市里若隐若现,温暖着多少异乡异客。

萧红,从荆棘丛中杀出了一条血与泪的路,她说自己"是《红楼梦》里的人",于是,只好"留着那半部'红楼'给别人写去了……"

读她的人生,品她的作品,初来味苦,渐渐地会品出一种温甜,流淌在心间。执此佳酿,与读者共享。

目　录

后园里的童年

苦乐参半的童年	002
渴望着长大	007
矛盾过后	014
文学的种子生根发芽	019

新生，拥抱新天地

第一次叛逆远走	026
孤苦天依，天寒心更寒	031
叛逆出走，失败告终	035

求学无望，屈服于现实

不速之客	042
寒夜独行	047
旅馆堕落	050
缘分来了就是你	057

心有灵犀，苦难与热恋

一见倾心　　　　　　　　　　064
喜悦重生　　　　　　　　　　068
捉襟见肘的日子　　　　　　　074

悲悯沉重的人生

互相搀扶取暖　　　　　　　　082
极尽辛酸　　　　　　　　　　086
开始写作　　　　　　　　　　090
逃离哈尔滨　　　　　　　　　096

散落天涯，一颗无畏的心

经大连辗转青岛　　　　　　　102
坚定的写作　　　　　　　　　106
上海漂泊　　　　　　　　　　110
与鲁迅先生珍贵的交往　　　　114

文坛崭露头角

鲁迅先生对萧军萧红的照顾	122
笔述辛酸泪生活	128
当爱已成往事	131

离殇，独自为爱疗伤

单薄的倩影	140
只身前往日本	146
樱花雨落，最伤心	150
拜谒鲁迅墓	158

别了，我的爱

只身前往北平	166
民族战争时的热火岁月	172
快乐时光	178
临汾之别	184

浮生若梦,为欢几何

和平分手	194
漂泊不定的浮萍	200
辗转重庆	205

天涯孤女,落花伤逝

黯然失色	212
呼兰旧梦	210
最后的历程	220
似水流年芳尘去	227

后园里的童年

苦乐参半的童年

萧红,一个鲜艳生活的名字。

生活凄苦,却使她对生命充满了热望。

她像是一个华贵迤逦的前尘旧梦,又用灿艳的色彩点染鲜活的生命。且让我们从最初,探访她爱与挣扎的苦旅。

故事开始在呼兰,一个最北部的小城,小城的记忆含笑着将今时演绎成往事。往事的开端,是一条江水在滚滚流淌。

松花江有一条支流叫呼兰河,就像一缕蓝烟,轻渺地在呼兰的小城划过。划过一年年四季更替,又划过一缕缕老旧时光。

生活在呼兰的人们看着哈尔滨的大都会风情,却悄然地自顾自地生息。默默生存,默默老去,默默地为小城搭建古老的故事。

那时,正值辛亥革命时期,社会局势不稳,动荡不堪,各种力量暗中攒动,弄得到处人心惶惶。一个风雨飘摇的时代,为许多人的人生铺了一个淡灰色的幕。这其中,就有萧红。

1911年,萧红降生。这个特殊的年代为萧红的生命注入了一种叛逆的力量,或许也是因为如此,她的一生才充满不屈的抗争,抗争家庭、饥饿、苦难……

更巧的是,她出生于农历五月初五,正值端午节,那是流亡诗人屈原投江自沉的忌日。这也仿佛映衬了萧红哀伤的一生,从开始之时，既已注定。

她的生命，成了一首悲伤的诗，哀婉、悠长，段段都能扯出一声泪。

若是想将她的整个人生故事看透，自是要细从根里追寻。

萧红本姓张，名廼莹，萧红是后来发表小说《生死场》时所取的笔名，这也似乎预示了她生命的悲艳，生与死，都是不同意味的挣扎。

萧红的家族本是乾隆年间从山东来的流民。张家最早落脚阿城，经过几代人的艰难种植，多方经营，终成省内远近闻名的大地主，声望、财富无一不有。

那时，张家活得俨如一个华丽的贵族，家境优等，生活富足。然而，再极致的繁华总是要落幕，到了萧红的祖父张维祯这一代，家势已经衰落。财富渐逝，华光褪色，外表的壳薄了，这大家族的底子也就虚了。

分家时，张维祯得了一些土地和房屋等财物。张维祯离开先祖的发迹地，迁至呼兰。呼兰河源远流长，不停地书写着新的故事。于是，这一切的一切，为萧红这样一个艳丽的人生故事，铺了一个冗长而哀伤的序。

张维祯本是读书人出身，性情散淡，又不爱理财，一切家务全由妻子管理，后来家庭的权力中心则转至过继的儿子张选三，也就是萧红的父亲，萧红的悲哀也自此开始。

对于自己的父亲，萧红多是硬冷的印象。她这样记叙："父亲常常为着贪婪而失掉了人性。他对待仆人，对待自己的儿女，以及对待我的祖父都是同样的吝啬而疏远，甚至于无情。"

柔软的女儿心，定是无奈至极才会说出这样心冷的话来。她最不愿如此，而事实却摆在眼前。

　　张选三毕业于黑龙江省立优级师范学堂，被授予师范科举人，曾任汤原县农业学堂教员、呼兰农工两级小学校长、呼兰县教育局长、巴彦县教育局督学、黑龙江省教育厅秘书等职。在外，他是一个谦和的君子、绅士。然而，对于萧红来说，他俨然是一个魔鬼。浓浓亲情，父爱如山……所有这些美丽的词汇，只能幻化为梦里的渴望。

　　这个她呼唤做父亲的人，非但从未给过她半分温暖的爱，反而为她悲凉的人生注入了痛心的冰凉。当祖父离世，萧红开始了和父亲漫长的抗争，她也渐渐发觉，人是残酷的东西，人生是苦寒旅程。

　　父亲对萧红的管教是严酷的。他打她，骂她。萧红总是感觉到他在斜视着自己，威严而高傲，像是一颗颗钉子，直锥萧红最柔软的心底。她的亲情，被父亲一次次刺破，造成了永远好不了的伤。

　　她想忘却，她想逃离，却始终躲不开张选三给她带来的苦难和阴影。他是一层魔障，笼罩着她的悲苦人生。

　　世间万事，皆有缘由。因为萧红的叛逆性行为，张选三宣布与她断绝父女关系，禁止萧红的弟弟张秀珂和她通信，甚至不把她的名字记入宗谱。她是被开除了族籍的。她们姐弟两人都曾经怀疑，甚至认定张选三不是他们的亲生父亲。

　　母亲姜玉兰在萧红九岁时病故。"母亲并不十分爱我，但也总算是母亲。"

　　如此酸苦的话语，自是伤心到了痛处。

　　在回忆起和垂危的母亲诀别的时刻时，她是怀着深情的。那时，她垂下头，从衣袋里取出母亲为她买的小洋刀，泪花闪烁："小洋刀丢了就从此没有了吧？"心底里，她是如此地渴望着爱。

　　双亲不亲，让她的生活极其悲苦。

幸而，她获得一份温暖的爱，能让她在悲伤中展颜。

萧红只爱祖父一个人。

在她的笔下，这位身材高大的老人总喜欢拿着手杖，嘴里含着一根旱烟管，眼睛总是笑盈盈的。祖父给予的爱，是柔和、沪润的，这对于萧红来说仿佛是从寒冷的枝头探身出来的春天嫩芽。

萧红长到懂事的时候，祖父已经是快七十岁的人了。一个寂静安闲的老人，一个活泼俊俏的女童，两个人放在一起，就生出了无限的爱与快乐。

在萧红看来，他一天到晚自由自在地闲着。但他是一个寂寞的老人，只有一件事可做，就是擦一套锡器，仿佛在一遍一遍地温习一个古老的故事。萧红清晰地记得他的表情：沉静、闲适、安详……

萧红喜欢沐浴在他宁静的笑容里，如同饮那醉人的老酒，美妙而芳醇。

祖父也会常常挨骂，祖母骂他懒，骂他擦的锡器不干净。这时，萧红就会立刻解难，飞快地拉着祖父的手往屋外走，"我们后园里去吧。"

一到后园里，就立刻到了另一个世界了。

一个宽广、明亮而温暖的世界，恍如隔世的仙境。

太阳光芒四射，冲走了一切不快乐的阴暗，阳光之下，一切都是温暖、健康而鲜活的。萧红在那里用尽所有的力气，跳着、笑着、喊着，那是她最酣畅淋漓的快乐。

萧红感觉到，只要拍一拍，连大树都会发响；叫一叫，连对面的土墙也会回答似的。玩累了，在祖父身边躺下，看又高又远的天空，看大团大团的白云。有时，就在房子底下找个阴凉的地方，盖上草帽就睡着了。

长大了一点儿，若是遇上晴好的夜，萧红还喜欢独个儿留在草丛深处，窥看萤火美丽而神秘的闪光，倾听蟋蟀幽幽的吟鸣。她也爱仰望夜晚的天空，静静地望着深邃的远方……

　　这也正是后来萧红笔下的后花园里，花草丰美，蓬蓬勃勃，生命力旺盛的灵感根源。在那里，有毫无遮拦的阳光、蓝天与白云，有小孙女的笑声与老祖父的慈祥。

　　那是她一生中最明丽的时光。她如含苞的花蕾，在后花园里，恣意快乐地生长。然而，走出了后花园，她的阳光就逐渐少了，她的生命也开始变冷。

　　在《呼兰河传》这部作品里，萧红用了复沓的句子，反复写道："我家是荒凉的。"

　　萧红有了小伙伴以后，开始在这些破旧的房子中间来往。院子里租住着许多人家，有养猪的、开粉坊的、拉磨的、赶车的，是挣扎在底层的人们。她敏感的心，看到了后花园之外的世界。

　　她满怀困惑地观望，默默地摄取他们日常生活的图景，倾听他们的说话、歌唱和叹息，那些悲哀和寂寞在她的心中渐渐晕染。

　　她心痛着，也哀悯着。她常常在家里拿了馒头、鸡蛋等食物，分给穷人的孩子们。她喜欢看着那些小伙伴们脸上绽放的幸福和喜悦，这会让她也跟着幸福起来。

　　有一个冬天，她看见邻家的小女孩光着身子蜷缩在炕上，就立刻回家把母亲给她新买的一件绒衣送了过去。

　　小女孩的一个微笑，让她心底涌出难忘的暖，母亲的责难早已经被那暖意驱散。

　　可是现在，小女孩、老祖父，早已化作灰尘离去。

　　这后花园修缮得再好，也没有了当日的风景。

然而，萧红却用至美的文字，锁住了后花园里的童年。

　　太阳在园子里是特别大的，天空是特别高的。太阳的光芒四射，亮得使人睁不开眼睛，亮得蚯蚓不敢钻出地面来，蝙蝠不敢从什么黑暗的地方飞过来。凡在太阳下的，都是健康的、漂亮的，拍一拍连大树都会发响的，叫一叫就是站在树对面的土墙都会回答似的。

　　花开了，就像花睡醒了似的。鸟飞了，就像鸟上天了似的。虫子叫了，就像虫子在说话似的。一切都活了，都是自由的：要做什么，就做什么；要怎么样，就怎么样。倭瓜愿意爬上架就爬上架，愿意爬上房就爬上房。黄瓜愿意开一朵谎花，就开一朵谎花，愿意结一个黄瓜，就结一个黄瓜。若都不愿意，就是一个黄瓜也不结，一朵花也不开，也没有人问它。玉米愿意长多高就长多高，它若愿意长上天去，也没有人管。蝴蝶随意地飞，一会从墙头上飞来一对黄蝴蝶，一会又从墙头上飞走了一个白蝴蝶。它们是从谁家来的，又飞到谁家去？太阳也不知道。（萧红《呼兰河传》）

如此细腻充满灵性的女孩，等待她的却是悲伤的宿命。

渴望着长大

　　莺飞草长，浮转的流光，在岁岁年年里辗转飘荡。萧红，像一只灵巧的燕儿般成长。

她的世界，自童年开始，就非同一般，是完全被割裂开的不同的世界。

在父亲的家中，她是备受冷落的，而在姥姥家这边却是被大家视如明珠般宠爱着的。仿佛冰火两重天，也就如同钢铁淬火，一冷一热，磨炼出了她刚韧的性子。

不仅仅是如此，就连萧红生活着的空间，也同样是被割裂的。后花园里，徜徉着的是她无忧芬芳的梦幻，鲜活而多彩；前厅正房中，则是规规矩矩的家族声威，是老旧呆板的浮华。双重世界，她落地而生的环境，命定于此，年幼的她还无可选择。

在萧红情感的世界里，她也同样受着双色浸染，一面是父母对她的严厉管教和祖母对她的严苛教导。那样冰冷的方式，萧红是断然不会接受的。另一面则是祖父的温暖慈爱。

一个稚嫩的女童，穿梭于各色极端的世界，反反复复的落差，也自然锻造了她迥异的个性，成了她反叛和早熟的契机。

童年，正是她认知世界之时，从触摸到辨别声色，她渐次体会到人世冷暖。周围的一切都给她带来不同的信息。那些美好的、崭新的、迂腐的、悲苦的、鲜活的、死寂的……对于她来说，都是新的。

储物柜里的陈年旧物，连同祖父和祖母的回忆里，让萧红浅略地了解了一些家族过去的荣衰，在器物的浮灰中隐约看见些历史的虚影，在老旧的气息中窥见前尘，她当时自然是不懂，但心底却氤氲出了一些历史蒙雾，给她攒了些思想的底。

在祖母住处里看到了钟表，她新奇地看着这种不常见又十分新鲜的器物，心生欢喜。那是她第一次领悟现代文明。钟表虽是小器物，却在当时那个年代的小乡绅家中昭示出维新的火苗。它是萧红一生跋涉的初始，命运的钟摆，在那一刻波动。悄然的，没有被任何人察觉。

后来,祖母去世,萧红为了躲避父母的管束,陪伴孤独的祖父,吵闹着搬去和祖父同住。祖父便开始教萧红念诗,祖父念一句,萧红就跟一句,像个婴孩一般咿咿呀呀学语。她不懂其中深意,却能挑出喜欢的韵律好的句子。有这么一小段时光,她伴着祖父和诗句成长。她越读越觉得那些句子美,形容不出来的色彩,凝华在胸中,点染了心底的色彩。

再看这世界,她仿佛觉出了更多的味道。

每一个朝阳初醒的晨曦,她用双手盛满阳光,细细地辨着七彩亮色。

每到黄昏,她眺目远望,夕阳之下,呼兰小城,匀称地呼吸,渐入她老旧的前尘浮梦。

疏落的几只黑鸦,在小县城的头顶绕了几圈,天色也就沉了下来。进而,深如墨染。

寂寥的夜里,也会偶尔传来几声萧红稚嫩的呼喊。诗中带愁,愁的是夜色寂寥,愁的是她后生浮沉凄冷。

在教了萧红几十首诗之后,祖父开始给她讲:"少小离家老大回,乡音无改鬓毛衰。儿童相见不相识,笑问客从何处来。"萧红听了祖父的解释,赶紧追问:"我也要离家吗?等我胡子白了回来,爷爷也不认识我了吗?"对于离家,萧红有着一种恐惧和危机感,却又仿佛一语成谶,点破了她后来离家的宿命。

祖父温厚地安抚着她孩童的天真与恐惧:"你不离家的,你哪能够离家的……快再念一首诗吧!"

就这样,在祖父的诗里,萧红对人世的感受力量渐次觉醒,那也同样是她无法拒绝的成长。

萧红细心地观察她身外所能触及的世界，她的家庭和她平时能够接触的房客。再次细心地端详这个世界，她忽然觉得荒凉，方始知，世界不仅仅只有后花园里的柔软美妙，还有更多超出她想象的冷瑟萧索。她无能为力，只能静默地看着。

夏日的蒿草里散着浓浓的腥热的青草味儿，忽而阴云密布，大雨倾落，雨中一片迷蒙，雨滴敲打着散乱的农具。

院子里的草房不断在倾斜，支撑的柱子越来越多，房客们只笑着说房子会走，并不在意。

黄昏，胡琴在院口幽幽吟唱，老房客的口里喊着秦腔，和着夕阳暮色。萧红看得听得痴迷。

这些房客们在贫苦的生活里挣扎一生，只为能吃饱、穿暖活过一生。可是，如此低微的愿望，却始终未满足。因而，温饱成了他们追逐的梦想。

那么自己的梦想又是什么？萧红经常在这混沌的沉思中出神，常常忘我于幽眇的世界，不知今夕是何年，不知自己是身在何处，又不知自己是谁……

带着对世界迷蒙的思考，萧红很快走到了她人生的一个新的起点。

1920年，对于萧红来说是不同寻常的一年，对于她而言分外值得纪念，因为她背起了书包，走向了学校。

诞生，是萧红生命之旅的开始；上学，则是萧红灵魂之旅的开始。

幸，也是不幸。

她的幸运在于，当时受到"五四"新文化运动的社会浪潮影响，越来越多的人认识到了让女子接受教育的重要性。在这种社会环境的感召之下，呼兰两个小学设立了女生部，这也才使得萧红当时这个学龄童有机会走进学堂。

她的不幸在于，课堂里的知识，为她打开了灵魂上的锁铐，让她辉煌，亦让她受尽一生飘零的苦难。

偶尔会想，萧红可以选择，如若她的灵魂不曾被知识和思想唤醒，让她愚昧地遵守旧礼，嫁为人妇，相夫教子，她可愿意？安老此生和一生飘零，她究竟会做何选择？

可她终归还是要走的。

书，是开启灵魂的钥匙，丰富了一个小女孩的眼界，让她内心萌生了对自由的渴望。无数次童年幼梦，她在童年的后花园中翩跹化蝶，飞向了一个多彩的世界。那是她最初的叛逆，源于内心的渴望，在梦中凝结，也埋下了一颗命运的种子，在痛苦降至前肆意生长。

在小学的书堂里，萧红度过了一段快乐的时光。她初来时，许多同学觉得萧红不易接近，但日子久了，才了解萧红性格恬静、温和，也很平易近人，只是平时不爱说话。随着对萧红了解增多，同学们也渐渐知道，萧红的性格和她在家庭受的冷落是有一定关系，便对她更多了几分怜惜。

学校里的故事总是各色各样的，一些女孩为了显示自家地位，不管学校远近，都会坐着自家马车去上学。去上学好像并不是为了学习知识，那劲头仿佛要赴一场华丽的盛宴，只为多掠取他人半寸艳羡的目光。

当时的张家在呼兰算得上是比较富裕的家庭，萧红却并没有半分阔小姐的派头。她去学校来回的路上只是步行，同学们十分不解。她只是笑着说："我不是小姐，可怕是要坐坏了身子。"

可见，在年幼之时，她就已经从自己身上剔除了来自家庭的封建根苗。

萧红不仅没有阔小姐爱显摆的性子，身上也没有娇生惯养的毛病。班级里的劳动，扫地、擦黑板、擦桌子，这些其他女孩子都唯恐避之不及的劳动，她都能很认真地耐着性子完成。她觉得，这是一个学生应尽的本分。在课堂上她也乖巧，遵守纪律，活脱脱一个模范好孩子。

光阴辗转，转眼间时至1926年。那一年的夏天，阳光格外明丽耀眼，在白日里狠狠地吸干了空气里的水分，冷眼热望着世间的众生相。

在这个夏天，萧红迎来了她人生中的第一个毕业礼。是告别，也是新的开始。童年拂手而去，放在心底，是流光里的梦影；放在面前的，是展眼对未来的期待。

毕业典礼上，起了点小风波。红榜直到毕业典礼前10分钟才贴出来。出乎意料的是萧红排在了第一名。连她自己也觉得惊讶。因为事实上，在平时因为偏科的缘故，萧红的成绩在前十左右。毕业成绩一跃榜首，难免惹人猜忌。而当时，她的父亲正神气十足地坐在下面。难免有校长巴结她父亲之嫌。

萧红的毕业成绩优异，自然作为学生代表上台讲话。学生们在下面则是议论纷纷，鲜少有人认真听她讲话。更多的人在议论萧红和她父亲眉眼有多么的相似，揣测她贵为榜首其中的潜规则。这让萧红的脸上火辣辣地发烫。

一个倔强又敏感的少女，怎么经得起这种精神上的鞭笞，来自于父亲的特殊荫庇更让她觉得羞辱。她内心攒动起逃离的欲望，她要挣脱家庭这缠绕在她灵魂上的荆条。

毕业季，她第一次走到了人生路口，她和那些同学们一起都面临着选择。其一是在本地读中学，师资不高，费用低廉。其二是到齐齐哈尔读学杂费全免的师范。还有一种也是最好的选择，就是去哈尔滨上中学。当然，好的去处必定需要付出更高的代价，相对高额的学费，并不是一般人家能够支付得起的。

最后还有一种，就是年纪太大的孩子，不适宜再升学了，也就回家去干活等着嫁人，草草安度一生。

在此四种出路之中，萧红的前景应该是最好的，因为她具备了所有升到哈尔滨中学的条件，并且，张家子弟中有很多都在哈尔滨读书。权衡状况之后，萧红心中自觉幸运，去哈尔滨念书是顺理成章的事情，这也正是她最盼望的。

然而，世事难料，先天厚遇，却难挡人祸。就在萧红一心想要去哈尔滨中学读书，挣离家庭，飞翔到她向往的世界时，她的父亲却阴下了一张脸，挡住了她前方的路，在萧红的世界里，罩上了一层厚厚的阴霾。

在萧红的父亲看来，哈尔滨这个在当时被称作"东方莫斯科"的城市极尽开放，萧红原本就是个任性的孩子，再放到那个毫无章法的环境中去，岂不是要出乱子？他对萧红下了绝对命令，完全没有商讨余地，祖父的劝阻当然也毫无用处。

父亲的态度，让萧红愤恨。萧红实在受不住这样的倾轧，试图起来反抗和挣扎，结果被父亲一个巴掌撂倒在地。那一掌，打得她脸上火辣辣地疼，在她的心里也划出了一条血淋淋的口子。

这是她第一次受如此重创，那幼嫩的脸蛋上透着殷红的血色，仿佛在隐喻着未来的悲凄，也隐约透着她内心的刚烈。

矛盾过后

　　升学风波后，萧红开始生病，在郁闷中度过一年中的整整三个季节。每一个日出和日落里，都氤氲着她日渐虚弱的渴望，宛若游丝，却不曾间断。在她心口的伤裂处，生长出许多第一次才有的苦涩难耐的情绪。

　　痛苦，锥心尖儿的痛。在黑暗的笼罩中，她无尽地渴望一丝光明，像一条渴水的鱼。

　　无奈，有心无力的反抗，让她真实地眼见自己的弱小，和无法掌握自己人生的痛苦。

　　升入中学的同学不断给她送来学校方面的信息，诱惑化成了蔓藤，啃噬着她的灵魂，又妄图摧垮她的身体，就这样，萧红的病情越来越严重。但最痛的还是心，最严重的时候，她不仅仅是身体备受病痛侵袭，更是感到了生命的无力。她想悲悯自己，却终明了，悲伤沉郁都只是徒劳。

　　一朵倔强的花，注定不会轻易在痛苦中凋落。越是困难重重，她就越是要走出一条路来；越是黑暗笼罩，她就更加渴望光明。

　　到了正月，新学年即将开始，她在绝望中再一次反抗。做出这个决定的时候，她血液里，瞬间迸发出了神奇的力量，脸色虚弱苍白，眉宇间却凝聚着一种强大的能量。

　　萧红果决地告诉父亲：如果不同意她上学，她将要去做修女。自毁后生来与父亲对峙。父亲最在意自己的脸面，萧红如此做法正是她所能做到的最能让张家丢尽脸面的事情。

这样的决定，对于作为教育界名流的家长来说，可以说是一个致命的打击。

上流社会就是这样，他们在世人面前浮华的掠影，远比什么都重要。掏空金钱，掏空人性，也要把面子修整得光鲜靓丽。这一次，萧红正是抓住了家族的脸面这个把柄，她要撕破这张华丽的面具，父亲自然不许。上学的事情，也就无奈依了她。

据说，在萧红初中毕业以前，张选三已经将她许配给了呼兰游击帮统汪廷兰的次子汪恩甲。

萧红的父亲身在教育界，对大都市中青年学生自由恋爱的风气不会不了解。他知道，只要到了那样的环境，就将无法羁勒一颗少女的心。可是，萧红出家的意向，是非常可怕的，他知道，萧红这话，没有半点虚假。如果她真要实行起来，他谋划好的一场政治联姻将毁于一旦，而且会将他这个教育家的社会资本消散于无形。因此，僵持到了最后，还是让萧红胜了一筹。他想要暂且将她稳住，等着他日将她婚嫁，也算是成了。

萧红终于在1927年的秋天来到了她渴望已久的哈尔滨，进入了"东省特别区区立第一女子中学"，就读于初中部。

这座辉煌的省城，这个崭新的校园，是她无数次梦中呼唤的渴望，如今她终于得以踏入其中，内心自然充满了喜悦。可在经历了这一次家庭的斗争后，萧红却孤独起来再不似往昔欢快。她的眉眼之间，总是涌动着几分愁思，让人看了忧伤。

再后来，萧红的朋友回忆初识她的时候，觉得她总是沉默寡言，非常内敛，总是给人不易接近的感觉。骆宾基写《萧红小传》，也说到她平时很少说笑，有些孤独。

这一次斗争成功，却耗尽了她心中的阳光和快乐，并且所有补给仍然来自她所憎恶的家庭,这使她感到屈辱。她始终走不出家庭的阴影。好在,这一次她是走出来了,暂且算是挣脱。落脚在这个她在抗争中梦寐的"东特女一中",想来也是幸运了。

"东特女一中"是当时远近闻名的学校,坐落在哈尔滨市南岗区一处环境幽雅的俄式住宅区中。书香袅袅,牵引着萧红悸动的心,初来时,她感受到了一种回归,心中一片宁静而悠远。

学校吸收西方新鲜前卫的办学理念,又聘请了一些思想前卫的新潮教师,也非常重视体育。在学校里,有五个女生,因为在体育方面取得了非常出色的成绩,被称为"五虎将"。进入这样一个学校,萧红有一种新生的感觉。

在中国,20世纪有两次革命具有历史性的影响。第一次是辛亥革命,推翻了帝制的圣殿;再次是新文化运动,以现代白话文清扫古旧的文言文,实质上是前者的一个延续。

在新文化运动中,《新青年》杂志打出民主和科学的旗帜,白话报刊一时蜂起,新型知识分子在不同的精神文化领域里采取一致的行动,猛烈批判专制政治和封建礼教,提倡个性解放。

新文化运动在中国社会里掀起了巨大浪潮,摧毁了许多旧物,那些顽固的东西在新文化运动的思潮中脆裂。新思潮的风暴席卷了大江南北,在那些青年学生心中生根,时时鼓动着他们迈开走向新路的步子。

新文化运动的风潮,也吹过了哈尔滨,冰层之下,自由的生命在觉醒,在梦境的边缘开始涌动。学校,则是最先苏醒的地方。

哈尔滨的碧瓦红墙,掩映着萧红最开始的故事,也托起了她的自由梦。她的身躯虽然被锁在了命运中苦楚挣扎,但她的灵魂沐浴着新思潮的风雨,被引向更自由的天际。

当她挣脱家庭的束缚远走高飞，哈尔滨成了萧红的第一个落脚点，却未必是终点。没有了家的根基，她成了无根的浮萍，随着命运的风雨烟云流离辗转。

课堂之上，萧红欣喜于手中的课本为她打开世界的窗口，让她看到了远方的风景，让脚下的道路变得日渐明晰。

她深深地记得，是怎样艰难的一番斗争才使她赢得这样一个难得学习的机会。而在这场抗争里，这仅仅是个开始，她必定是要用好所有的时间，"武装"好自己，维持自己抗争的胜利。

萧红全身心地投入学习，读书，抄笔记，与其说是出于青年的求知欲，毋宁说是为了抗拒和克服来自家庭的压力。

家，对于萧红来说，已无温暖可言，在同学身边，萧红却得到了几分难见的温情。同学的友善也让萧红感到欣喜，她有了几个亲密的伙伴，且都是有理想的青年。她同时欣喜于教师的博学与温厚。

多年过后，她一语情深道："墙里墙外的每棵树尚存着我芳馨的记忆，附近的家屋唤着我往日的情绪。"

这所学校校风是开放的、活跃的。在这里，她才能真正地感觉到自由的呼吸，她感觉到生命通透的觉醒。

萧红的绘画和文科课都很好。平日里萧红性子沉默内敛，也只有沉浸在绘画和文科的课堂中时，才能见得她的光华和神采。

绘画教师高仰山是吉林人，毕业于上海美术专科学校，他从母校带回来的，不但有着现代艺术的革新色彩，而且带有当时上海的一种"普罗"气息。当那气息扑面而至之时，萧红的心中也升腾起一种宁静的向往。

也就是这样，在高仰山的感染下，萧红萌生了绘画的兴趣，而且愈来愈分明地感觉到自己在这方面的才华。在色彩的舞动中，她仿佛看到自己成为了一个女画家，在自己亲手创造的世界里旋舞飞转。那是一种至美的陶醉，亦是一种忘我的幸福，能让她漂浮的灵魂暂且安宁栖息。

或许是因为萧红个性使然，她在绘画上也显现出了不寻常之处，称得上是一个不循规蹈矩的另类，不在别的，只在于她的眼光。

这里的课外活动也非常的丰富多彩，这让萧红感到非常充实。她在学校里，曾经多次跟随美术小组去野外写生。那种感觉极为惬意，萧红心中也萌出了一个画家梦想的芽儿。后来画家梦虽未能圆，对美术的喜爱却贯穿了她丰富的一生。

临近毕业的绘画课最后布置的作业是室内写生。高仰山在教室里置放了许多静物，除了常见的水果、花卉、陶罐之外，还有骷髅，供学生选择摹绘。可偏偏萧红一样也没选上，跑到老更夫那里借了一支黑杆的短烟袋锅子和一个黑布的烟袋，搬来一块灰褐色的石头靠在上面，开始作画。高仰山十分欣赏，给取了一个画名，叫《劳动者的恩物》。

一个漂亮的名字，描摹的物件并不鲜亮，而在色彩交融里，却可见她熠熠生辉的灵魂之光，在众多按照绘画程序完成的静物画作业中，唯有这幅画有爱的流露，跃动着鲜活的情感。

除了绘画之外，萧红还特别喜欢历史课，授课的是新近毕业于北京大学的姜老师。姜老师来自新思潮引领地的北京，且又年轻，没有半分的迂腐气，学生们都很亲近他，再加上在课堂上，除了课本内容，他还夹带讲些世界的珍闻，每一个学生都被他深深地吸引着。

姜老师的文学修养也相当丰富，向学生介绍了不少新文学作品。萧红就曾经从他那里借过美国作家辛克莱的《屠场》和《石炭王》这两部翻译小说。在萧红看来，这位魅力十足的老师，就是北京的一个符号，她从他举手投足的迷人气息中窥探着北京城的神秘气息，掩映而生的，是她心中神圣的向往。就这样，一个身在哈尔滨的小城姑娘，不觉间已经将灵魂的脚步迈向远方。

如此，漂泊似已成命定。

文学的种子生根发芽

文学，改变着萧红的命运，一触及文学，她的欣悦之情就犹如飞泻瀑布，一发不可收拾。

国文教师对萧红影响巨大，他是个十足的激进派。是他最早把白话引入课堂，以活人的自由的语言代替死人的语言，促进青年人自由地活着。他一样熟悉新文学，经常把一些优秀的作品介绍给学生，尤其是鲁迅的文字，总是被他当作文学的范本拿来讲说。也是在他这里，萧红开始接触到鲁迅，但她当时却不曾想过今后自己会与她十分崇敬的鲁迅先生有些交集。

萧红当时极为好学，多方向国文老师求教，老师乐得欢喜，他在交流时略见萧红与其他同学的不同之处，更是多下了力气培养。

在国文老师的指导之下，萧红开始接触到了新文学，并十分广泛地阅读中外名著。萧红的文学兴趣变得愈加浓厚起来，一颗浇灌着自由和新潮的文学小芽儿在萧红的心中破土，伸展枝叶，迅速疯长。

鲁迅、莎士比亚、歌德等作品，是萧红的挚爱。她读他们的作品，如沐甘霖。饥渴的灵魂在她入文学世界之时，才开始鲜活起来。相比之下，对文学的爱好也就超过了绘画。

萧红不断地跟几位要好的同学交换书籍，聚在一起漫谈，有时也会争论。萧红发现，文学明显地有着更广阔的空间，可以伸展到看不见的黑暗的深处，而且，文字中有一种意义，其奥妙是画面无法呈现的。随着阅读的深入，对她来说，世界仅仅有美已经不够了。世界的色彩已经远远超过了画盘里的色块。她的心中生出更多的渴望。

在学校的三年时光里，萧红读遍了所有新文艺的书籍。这也更促使她对新文艺的追求达到了一个痴迷的程度。痴迷，未尝不是幸事。

逐渐，萧红开始写诗、写散文，用了"悄吟"的笔名，刊发在学校的黑板报和校刊上。悄吟，在她心中自有寓意，萧红的解释为，悄悄吟咏。这样一个笔名，正如她的性格一样，悄然沉默，却在沉默中生长出倔强而坚强的力量，控诉悲苦，追求自由，在沉默中生出最强大而坚韧的力量。

这个时期萧红对写作还没有明确的概念，她只是简简单单自在地涂鸦，在自己的小屋里，在片刻宁暇，用了小笔触，书写片断的情思，轻诉心头漂浮着的情绪。

一个真正作家的养成是需要时间的。此时的萧红，已经悄悄地走到了文学的边沿。从吟咏只言片语，到建设一片独有的精神世界，是一番曲折的路程。

20世纪20年代末，中国发生了两个由路权引起的对外斗争事件，都牵连着哈尔滨这座北方城市。

其一，日本政府与奉系军阀秘密签订的《满蒙新五路协约》规定，由日本投资，承包东北五条铁路的修建工作。之后，社会各界纷纷集会反对，要求保护路权。

1929年5月27日，东北地方当局以苏方在哈尔滨总领事馆举行远东党员大会、"宣传赤化"为由，命令哈尔滨特警处前往搜查，逮捕了39人，同时封闭中东路苏联职工联合会。在爱国情绪的驱动下,东北境内掀起了一场反苏风潮。

萧红和她的同学们都是热血青年,亲临如此风潮,她们定不会坐视不理,于是便投入到这滔滔风潮之中。

在运动中,萧红异常亢奋,大约此后一生中,也不曾有过这样的亢奋。当韶华逝去,当年的热情也早已经在一次次命运的飘荡中冷却,她的心底已经再也难以喷涌出当年的热血了,只有当开启回忆的大门,才能找到一点点余韵。而后来发生的一件事,却深深地铭刻在她的生命里,那是她生命中不可愈合的巨大伤痛。

当时的萧红,正处在狂热状态,热血冲昏了头,她拼尽全力地涌到风口浪尖上,追赶时代的大潮。

突然,一封电报,犹如晴天霹雳,使她彻底冷静了下来。电报是家里发来的,简短的几个字,却字字都锥在她的心头。祖父去世了。

那个家园里最后的温暖和牵挂,没了。那是她第一次感受到死亡带来的剧痛。她万难接受,消殒的竟是这世界上唯一温暖着她的人,她心中最系念的人。

萧红呆愣住了,痛苦自心中潮涌而出,把她一次又一次推向了悲伤的谷底。她深知,没有了祖父的爱,她也就更加的孤独。这个冷漠的世界,因为没有了慈爱的祖父,从此会更加荒寒寂寞。今后的路,要怎样走?她心中喷涌出一种类似于绝望的情绪。

她绝望地想,祖父离开了,就再没有同情她的人了,剩下的尽是些凶残的人了。世上最大的悲伤,也莫过于此了吧。

天涯孤女,清泪长留,祖父离世,也带走了她在这世界上的最后一丝温暖。她只能反反复复地温习着后花园里的旧梦,牵念起那段温暖的过往。

祖父温厚的爱,长久地留在萧红的心里。所以,当萧红回忆着、梦着、叙述着她的呼兰河的时候,那些和冻土连缀在一起的动物一般生和死的人们才有了笑容和柔和的话语,当他们被压迫到几乎窒息的时候,才有了粗重的呼吸。

也正是祖父最初的宽厚温暖的爱,孕育了一颗作家的种子,在这种子萌芽、成长起来的正直、傲岸的树干里,才有着那么充盈的人性的汁液,受伤的枝条才吐出那么多健康的叶子,在经历了人生的凄风苦雨后,依然能够心怀热血,悲悯苍生。

而当时,祖父的离去却给她带来难以想象的绝望和伤痛。对于一个芳华少女来说,这消息,直锥她心底最柔软的情感。

当她骤然间回首,发现人群中已不再有祖父的身影,她的心底一片空旷和冰凉。祖父的葬礼,她哭得最凶。到后来,没了声音只是静静流泪。眼睛里,渗着刺骨的凉。

在祖父的丧事办完之后,萧红随即返回学校。可是,学校可容她的时间已经不多了。

临近毕业时,在同学们的眼中,萧红忽然变了个人,从前只是不大爱说话,现在却是彻彻底底地阴郁起来。她的气场中氤氲着越来越多的凄悲。大眼睛常常红肿着,孩子一般的圆脸上再也看不见往日的阳光,同样一副皮囊,像是被注入了一个悲伤的灵魂。

她远不像从前那样勤奋,晚自习也不来了。到了星期天,她还会一个人躲起来喝酒,抽烟也是这时候学会的。她妄图在这样的放纵中寻找到片刻快意,她希望这样的做法能够轻轻拂去她心口的疼。

借酒消愁,是多少苦痛人无奈的药方。然而,就算暂时地麻痹了神经,愁情却也难以消逝。

后来,暗暗地,她喜欢上了一个人。眼中隐约浮现柔情,却又忽的暗下来。因为她的父亲早已为她订下了婚约。

对于未婚夫汪恩甲,其实她的了解并不多,父亲却要狠狠地将她与这人粘连在一起。这对于萧红,并非双生并蒂莲,倒像是给她的生命中硬加附上一个肿块,压在她的命运里。这是她完全不可接受的。

萧红刚上初中时,汪恩甲已经在哈尔滨道外三育小学任教了。因为他是地方军官的儿子,又是萧红的未婚夫,所以有权经常到学校和宿舍里找萧红,有时更会强行把萧红带走。

汪恩甲强硬得像个土匪,这种纠缠使萧红烦透了,也反感极了,同学们都传说这汪恩甲是花花公子。在得知他吸食鸦片的情形之后,萧红心里又多了几分恐惧。她心气再高,也都只是一个女孩,孤单单的一个人。她不知道这个被鸦片啃噬了灵魂的人,会做出什么样出格的举动。

抗议,是萧红必定会做的事情,她试图解除婚约。

而从肉身到意志,是双亲必要代她定夺的。女人是由男人管辖的,这是在那个社会里许多人认为的天经地义的事。所以,萧红薄弱的反抗,必定也是无效的。

不仅仅如此,为了迫使萧红顺从接受,汪家找到了萧红的父亲进行商议,征得校长同意,取消了萧红在女中的学籍。

一番草草的商议后,他们竟轻而易举地把这事情做了。也正是这样,逼得萧红没有退路了。

木已成舟,萧红满目都是憎恶的泪。她彻底愤怒了,胸中的怒火喷涌而出。

她决心向家庭施行报复。这时候,她一定会记起子君的宣言:"我是我自己的,他们谁也没有干涉我的权利!"

她一个人陷入那里,周围是陌生的、敌对的。然而,当愤怒点燃,她不再感到孤独,只是紧张地等待着那个神秘的时刻。她不要任人摆布，像一团行尸走肉，她渴望着挣脱，即使前方是荆棘，她也要走出一条新路。

她沉静了一段日子，两家人正乐得以为大计已成，却在毫无征兆的某天里忽然发现，萧红失踪了！

新生，拥抱新天地

第一次叛逆远走

当命运的凄风苦雨吹袭，一株灿艳的花，便开始了在这无涯的世界里飘零。

七月，萧红来到了北平。

第一次叛逆的远走，对于萧红来说，心中更多的是激动和期待，她期待着在一个新的世界里找到新生，找到自由、温暖。

萧红突然间消失，家族中的人无一知道她的去向，只有远在湖南的同窗好友徐淑娟收到她寄来的照片，在照片中隐约看到了些萧红新动向。

照片中的萧红一头男式短发，身着西装，左手斜插裤兜，右手自然下垂，一副浪漫不羁的样子，非常精神。像是灵魂里注入了新的生命，重活过了一次。

看过照片之后，同窗自然是为她高兴。这新的形象，显示着新的生活已经开始造访她了。朋友之间，很多时候就是这样，远远地看着朋友幸福，自己的心情也会跟着灿烂起来。

透过照片，且去追寻这个女子倔强的妙影，之后的一幕幕，更加的动人心弦。

这时的萧红，二十岁，正值花季，馥郁芬芳的年纪，却是一颗叛逆花蕾，硬是冲破了漫天阴霾的笼罩，追寻光明。

从哈尔滨到北京的叛逆逃离，在那样一个年代里，十足是一个疯狂的计划。不但违逆了家庭，更是对一个封建社会竖起了飘飘战旗。

其实，这一次逃离，萧红早已计划了很久。毕业前夕的萧红，格外的沉郁。祖父的离世、家长意图取消学籍的恶行、日日紧逼的婚姻……种种困难鞭笞着她的心，她像是一个被困的囚徒，愁苦不欢，更无力挣扎，唯有在苦海里深堕、沉沦。

当一次次午夜梦回，泪眼迷蒙之际，她清楚地看到了内心强烈的渴望。在一次次痛楚中，她内心隐隐被策动，一个倔强的声音告诉她：要寻找光明，寻找自由。

这样的追寻，家里人肯定是靠不得了，唯有从朋友之处寻得帮助。当她向挚友徐淑娟倾诉心中愁苦时，徐淑娟提出了一个大胆的建议：逃婚，偷偷去北京，去自己最想去的地方，那个梦想里的城市。

这一个建议提得让萧红心中微凛，因为好友恰恰是说出了自己心中的渴望。她的眼眸神采乍现，但是又转而寂灭。这条路的前方困难重重，许多现实问题夹住了她追梦的双翼，诸如，吃饭问题、住宿问题，等等。

两人开始想法子，最后，达成一个共识：可以写稿子卖钱，养活自己。生活上清苦些，也远比在这里身心双重受罪得好，何况那又是一个非常清高有节操的行当。两人都为那天真的想法兴奋着。也就是在那时，萧红暗暗定下了逃婚的念头，这也是她对家庭报复的手段。

命运最初的抗争，从意念开始。

这个逃婚大计，并非萧红一己之力可以完成的，不得不提另外一个重要人物。帮助她完成这个疯狂计划的人，正是她的远房表兄陆哲舜。

陆哲舜家在哈尔滨太平区，萧红入读女中时，他已是哈尔滨政法大学的学生了，因为住地较近，两人的来往逐渐频密起来。就这样，两个新青年，自然容易产生共鸣。当萧红说出了自己想要逃婚去北京的时候，他更是热血沸腾，他怜惜她的命运，同时又十分欣赏她敢为自己的命运抗争的做法，表示愿鼎力相助。

青春是怒放的花季，怎容得辣手摧花空折枝。陆哲舜为了帮助萧红逃婚成功，奔向那个崭新的世界，他下定决心，自己先行退学，去北平中国大学读书，随后设法让萧红也到北平。事情的发展比预想的顺利。

陆哲舜先在北京为萧红找好了旅馆，又回到哈尔滨把她接走，后来经一番辗转两人把居宿地选在一个叫"二龙坑"的地方，距离两人的学校都很近，上下学方便。这样一个适中地点的选择，也有些互相尊重、平等的意味。

二龙坑的居所是一个有八九间房子的小独院，环境也清雅得很，萧红和她表兄分住在里院北房的两头，一个人占用一间屋子，中间有廊子连着。

房前多出两株枣树，枝叶摇曳，愈发显得幽静。那种清雅，也正是萧红心中所向往的。初到时，光阴姣好，恍如最初梦见，心中自是百般欢喜。再加上逃离束缚的喜悦，让她觉得自己仿佛是来到了天堂。

阳光彩舞，鸟语虫鸣，街院里倾诉着宁静，光阴里沉淀着馨香。萧红沉浸之时也不忘给好友寄去一些书信，分享这份难得的愉悦。她在给好友的信中介绍到自己现今的住处，也说到自己现在在女师大附中读书，更颇有兴致地提起自己院子里熟透的枣儿。言语间可见她心中难掩的喜悦，她还给好友寄去了《拓荒者》之类的杂志。

幸福和快乐，如同花香，幽幽飘远。不难想象，当好友收到她的信件时，会多么替她高兴。

陆哲舜在东北读书时的同学闻讯前来探访，从此，小屋子变得热闹起来了，几乎每个周末都来很多人。一群青春飞扬的学生，一个个心潮澎湃，他们聚到一起无休无止地谈着理想、生活。时不时地心中火花激荡，时不时地欢声朗笑。那般光影，如高歌般激扬。

萧红每次总爱坐在固定的位置上，很少说话，却不能不受这活跃的气氛所感染。她愿意静默地看着、听着，用心去感受着生命跃动鲜活的力量。然而，即使是聆听，也有一种静美的样子。

所有来访者聚齐的时候并不多，一般总是三五个人能不约而同地碰面。每一次聚合都让人流连忘返，直到巷子里"值夜人"手中的梆子响起，他们才会猛地回过神儿来，起身同陆萧两人告别，踏着夜色清辉回去。后来，来的人渐渐少了，唯有一人却从未缺席，这人便是李洁吾，也是萧红熟识的朋友。

当时的萧红，给李洁吾留下了深刻的印象。他曾经无数次在回忆中描摹萧红这位旧友。

> 她不轻易谈笑，不轻易谈自己，也不轻易暴露自己的内心；
> 她的面部表情总是很冷漠的，但又现出一点天真和稚气；
> 她的眉宇间，时常流露出东北姑娘所特有的那种刚烈、豪爽的气概，给人凛然不可侵犯的庄严感；
> 她有时候也笑，笑得那样爽朗，可是当别人的笑声还

在抑制不住的时候,她却突然地止住了。在看你时,她的脑子似乎又被别的东西所占据而进入了沉思;她走路很快,说到哪里去,拔腿就走……

从挚友李洁吾的回忆中,萧红当时的形象也渐次在人们的脑海中鲜活起来。

在李洁吾的印象中,萧红是个独特的女子,不仅仅在于她的性格,还在于她的眼光,她对许多事的态度。

李洁吾回忆说,他曾经同萧红、陆哲舜三人一行同去看了《泣佳期》。

影片是一个富有才华而不名一文的画家和一个流落街头的姑娘相恋的故事。回来后,大家由电影谈到人生的实际问题。

观影过后,三个易感的年轻人,自然是感慨万千。各自展望着、设想着、感叹着。

李洁吾发感慨说:"我认为爱情不如友情,爱情的局限性太大,必须在两性间、青春期才能够发生。而友情,则没有性别与年龄的限制,因而是最牢固的。"

萧红马上说:"不对。友情不如伙伴可靠,伙伴走的是一条路,有共同的前进的方向,可以永不分离。"

李洁吾则说:"那路要是走到尽头了呢?"

萧红说:"世上的路是无尽头的。谁能把世上的路走尽?"

随即,三人语歇,默然。

简短的碎语,却透着掩不尽的苍凉。她却不知,未来的路,将会崎岖坎坷。

就这样,萧红和她的伙伴们,一朝又一朝地度过了那段悠然的日子。

　　看庭前花开花落，望天边云卷云舒，漫漫岁月里，扬洒的青春，那时她们还有梦，那时还不懂真正的愁苦滋味。

孤苦天依，天寒心更寒

　　寒暑暗转，转眼间时至霜降。随后，一场大雪洋洋洒洒覆盖了整个北京城。像一场清雅的盛宴，冰凉又透着圣洁。

　　这样好的景致，萧红自然不会放置不理。一大早，她便兴奋地站在屋檐下赏雪，感受着那纯纯的冰凉，而陆哲舜则是站在墙上用一根竹竿敲打着树梢上残存的枣子。每当有枣子掉落下来，萧红就会兴奋地拍手叫好，随后她用小砂锅轻轻地收一些墙上干净的积雪，放在炉子里煮枣。

　　李洁吾随后来访，三人围绕在炉子周围，沉浸在枣子的香气中。萧红用火箸轻轻地敲着火炉，很开心地说道："这可是名副其实的雪泥的红枣啊！"

　　那样静美时光，深深地镌刻在了萧红的记忆中。当时情境，永生难忘。

　　过了一小会儿，枣子煮好了，三个人便高兴地品尝起来。当时，李洁吾顺口提醒萧红和陆哲舜要小心煤气中毒，严重了会要人性命的。当时萧红和陆哲舜都没有太过注意，陆哲舜更是满不在乎地说："我不信那一套。"可在这之后，萧红却真的煤气中毒了。

　　那一天，大家正在闲谈时，萧红突然晕倒了。李洁吾迅速便知萧红是煤气中毒，随即指挥大家，忙乎了好一阵，才把萧红弄醒。

这个小风波过后,大家都谈到了死亡。萧红则说:"我不愿意死,一想到一个人睡在坟墓里,没有朋友、亲人,多么寂寞啊!"这是她第一次谈到死亡的问题。她的言语间透着强烈的对生命的热望,然而,人世间的颇多无奈,在后来的日子里,渐渐寒苦了她的心。

有关萧红出走的信息,不用多久,便为张陆两家知晓。张家自知理亏,无法正面从陆家要人,而人确实是陆家人带走的,很自然的还是要从陆家要人的。陆家自觉心底虚,又惧于张家声势,所以,便极力配合着张家,联手制裁萧红和陆哲舜两人。张家决计对萧红实行经济制裁,这也是在他们看来最有效的做法。如此一来,便对两人造成了不小的打击。

十一月份中旬的时候,张家除了寄信命萧红赶快回家成婚之外,不但钱,连一件取暖的衣服也不给寄了。

陆家的行动稍稍迟缓,短时间内,两个人的生活费用尚可靠陆哲舜家寄来的钱勉强维持。等到学期将尽,陆家也发出了最后通牒:如果两人寒假回东北,就给寄路费;否则,今后什么也不寄!

萧红和陆哲舜往昔清幽的生活,在这样的寒冬腊月里渐渐冷却,冻结在记忆里,成了再不复返的难忘岁月。

没有了经济来源,什么自由、理想、感情……都成了掌心的落雪,很快就成了空。

那以后,陆哲舜开始消沉起来,那些激昂的神采都淹没在过往里。他眉间紧锁,一脸漠然和消沉,开始抽烟酗酒,整个人都散发着阴郁的气息。

陆哲舜心中在想些什么,萧红不得而知,但是敏感的萧红已经感受到他颓丧的情绪,两人的关系也渐渐冷了下来。萧红的心中沉淀下的,是深深的幻灭。她忽而想到了鲁迅先生笔下的涓生和子君的末路。经济的依附使他们无法摆脱来自家庭的束缚,从而独立走自己理想的人生之路。然而,她和他,正仿佛走着故事里的路。有那么一瞬间,她觉得鲁迅先生犹如神明,能够预知无数人的宿命。

逐渐,来自气候和人生的寒冷,无情地侵蚀着她。她的自由体验只剩下饥饿和穷困的苦恼。她过早地承担了这样的苦恼,也承受了太多悲凉。

寒风呼啸,为北京城讲述着一个个凄清的故事。萧红,一抹寒风里的艳色,在寒冷中瑟缩,倔强地前行,为了追寻生命里一个花香鸟鸣。情温人暖的春天。

据萧红的朋友高原的忆述,她的房间里只有一张单人床、一张小长桌、一张小凳,连一本书也没有,一点也不像是学生宿舍的样子。

后来还听说,萧红的生活实在难以为继,她不得不常常带上几册书到旧书摊上去卖,日复一日地把书给掏空了;她每天坚持徒步上学,原因是连买电车票的钱也拿不出来……

这些寒苦里的忍耐,定是不好受的,而萧红如此坚持,都是出于她骨子里不愿屈服的个性。

九月的时候,北京的天气开始变冷了,萧红还是穿单衣上学。同学们见了感到好奇,一个接一个地问道:

"你真耐冷,还穿单衣。"

"你的脸为什么紫色的呢?"

"到底是关外人……"

她们一边说着,一边用女性特有的猜疑眼光看她。如此碎语,致使一颗高傲的心受伤了,远比寒冷更难受,更让她觉出辛酸。花季里的少女,原本应该是烂漫地舞动青春的好年华,她却独尝苦涩。

三年后,萧红写了一篇名为《中秋节》的短文,记述这段饥寒交迫的日子。从那段文字中，我们可以清晰地看见，她回忆中的小院落是阴凉的，院子里都是枯干的枫叶和瓶子，不时地有小圆枣从头上落下，她想到枣树的命运在渐渐完结，而蜷缩在墙根的落叶是哭泣着的。

她憧憬的火光已经幻灭，一层层死灰在心里堆积起来。半年的北平生活，快乐有过，而更多的，却是一个萧索的终结。理想的华裳层层褪色，裸露而出的，是无奈的人生和漂泊命运。

元旦那天下起雪来，这时，萧红仍然穿着薄得透明的单衣，全身结了冰似的，开门望了望雪天，已经不是第一场雪时的心情了。一触到寒冷，她便快速地跑回床上，床上也结了冰似的，没有一丝暖意，身子也暖不热，反被寒冷一点点吸走。

屋子里没有一个角落可以躲避刺骨的寒冷。她颤抖着，努力抵御着，在床上翻来覆去地等陆哲舜回来，等一个自己都觉着虚假的幻想。可是除了等，她还能做什么呢？直等到太阳偏西仍不见人，心中平添了几分失望，最后，只得向房东耿妈借了十个铜板，买了烧饼和油条做晚餐。好在，胃里有些吃食，能继续维持生命，然后，继续新的渴望，新的失落，一次一次体会着起落的心事，悲痛着自己的人生，又时而不时地嘲笑自己傻得可以……

一次，李洁吾来访时，萧红躺在床上起不来，寒冷已经将她击倒了。这场景，任谁人见了都觉得辛酸，更何况是平日里的好友？李洁吾转身出去，把自家的被子送进当铺，回来把两元钱交给耿妈，买了煤，生了炉子。虽然不是什么天大的恩惠和救助，但是李洁吾所做，却是给萧红在苦寒绝望中带来了一丝暖意。冻僵的人和心，对于温暖的渴望更是格外强烈，更是超乎常人的珍惜。

当温暖靠近时，心中苦愁，似也驱走多半。

严酷的现实将摆在眼前，陆哲舜已经缴械投降了。萧红心里明白，回头走只能是一条死路，她将面临比从前更多的沉重和苦难。

她想倔强地坚持，不想委屈地活着，可如今没有了同伴，单枪匹马的她又该如何抵抗？她有心而无力，本以为前面就是渴望已久的自由与光明，却不曾察觉，这一遭走来，不过是飞蛾扑火罢了。浮光里掩映的只是一个壮美的虚影儿，毫无意义。

失望过后，她心中残留的，是自责。她无数次责问自己：为什么如此轻易地就相信了一个男人？这使她明白一个残酷的道理，寄望于他人，在任何时候，便都会有被抛却的可能。怨不得别人……

刚刚踏上旅途，难道这么快就走到尽头了吗？她不想，可就算是再不情愿，却也是无可奈何春去也，前路里，是望不到边的黑暗。

她像是一簇误落冬季的春花，在冬日的寒风冷雪中颤怵，无力绽放，无力前行。她甚至不愿清醒，因为她会清楚地看到自己的绝望。只想蜷缩在梦与理想的幻境，在蓝天碧水中悠然独舞。

叛逆出走，失败告终

风拂着雪瓣，一路呼啸着，带着一阵阵刺骨的深寒，仿佛是一场例行的大拷问，而前赴刑场的，正是那一簇缥缈的孤红。

这是一个发自封建时代的拷问：你无根无叶，何以扰乱着旧序的礼教轮回？社会法则中三从四德的礼数，你何以要一枝独秀，傲风而翔？你那烂漫的自由理想之梦，不过是一场徒劳的花事，还未及灿烂，却要被吞在寒风中……

萧红的抗争还是以失败而告终，她回到呼兰，而回去之后就立即被转移到阿城县福昌号屯。

可想而知，在一个封建的社会，一个封建的家庭，萧红如此大张旗鼓地叛逆逃婚离家出走，当最终以失败归来的时候，她要面对怎样的压力。

萧红自知自己的行为会惹怒家人，但是有些后果是她完全不曾料想到的。据说，她败坏了汪家的声誉，汪家单方面解除了婚约。

一连串的恶性结果接踵而来，像是一个多米诺骨牌的游戏。他的父亲张选三因为此事道德形象受损，进而被撤销了省教育厅秘书的职务，调到巴彦县教育局任督学。职务和地位一落千丈。萧红的弟弟张秀珂也因为萧红受到了很大影响，为了逃避舆论的干扰，从呼兰转学到了巴彦，连堂弟从哈尔滨转到巴彦上学，都与萧红有关……

牵一发，动全身。萧红离家出走的举动，牵连着整个家族，与其相牵扯的事情都迎来恶果，而最后，所有怨怒，在萧红回归之时，都抛回给了萧红。

当至亲带来的只是寒冷，在这个世界上，还怎么能去相信存在温暖？在一次次被冷言寒语刺痛后，她的悲伤渐渐麻木，她痛到极致，失望透顶，她对亲情已经再无任何奢求。转而，是心死成灰的沉寂。寂静，是她绝望的样子。

天不亮便起床，天黑了便睡觉，白天只能在院子里活动。

不似笼中金丝鸟，反而像一个无望的囚徒。没有新书，也没有报纸，得不到外面世界里的任何信息。

这个小屯子就如同一个隔世之地，任外界如何骚乱惊动，它却依旧安然像往日一样平静。

外界革命动荡风雨满楼，而萧红却毫无所知。

她依旧是寂静度日，在每一个明朗的白天里仰望天空，无限遐思；在每一个墨染的黑夜，在炕上辗转反侧。虽然眼界有限，但心海无涯。她满耳都是墙外呼唤的声音。童年后花园的记忆渐次苏醒，发出幽幽生命的响叫……

大院的生活，让萧红认识了不少佣人和苦力，敏感的心灵使萧红真切地感受到他们的辛酸，土地、劳动、麦子、血泪、生命……这些破碎的镜像，与她的生活交织在一起，刺激着她的思考。

一个被幽禁的灵魂，她没有力量去拯救苦难，又不能够控制自己不去在意，双层的煎熬啃咬着她的心。

每一个日出日落里，她越发心急，她心中最渴望的就是上学，而眼看着离开学的日子越来越近了，她还被囚困在大院里。

迫切的期盼促使她在每一天里都在努力地寻找机会。

绝境里总会迸发出一些逃离的机会。有一天，她终于一个人出现在哈尔滨的大街上了！萧红又一次耍了个小计谋。张家的症结无非是萧红与汪家的婚事，因此萧红便将计就计，假意妥协了与汪恩甲的婚事。以置办嫁妆的名义外出，既有机会离开，同时又能得到一笔置装费用，这样也就有了经济实力。婆家方面，听说萧红同意了婚事也给她置办了些贵重的衣裳。

为了能够顺利地逃走，她不得不同婆家人费心地周旋。

北京！北京！去北京明明白白是一条自我奋斗的道路，当时败走了，不妨从头再来。社会如此肮脏、恶毒，到处都是齿轮，要摆脱被压榨的命运，除了读书，没有别的出路。

萧红一生留下不少谜团、许多的空洞和暗隙，这一次出走中也有一些我们无从得知的细节。她是不愿意忆起这段往事的，在字里行间那些大大小小的空白处，很有可能正是她把痛苦埋得最深的地方。

她不是那种有暴露癖的作家。她愿意把最黑暗的部分留给自己，宁可暗自啮噬自己的内心，也不愿出示他人。这是一种独特的自爱方式。她敏感、脆弱，喜欢流泪，然而却无时不在护卫自己的尊严。

与第一次出走不同，再没有友人的呼唤，也无从作出周密的计划，唯一能做的便是观察和等待。在神圣的时刻到来之前，受尽无限延宕的折磨可想而知；而当机会一旦来到身边，她必须紧紧抓住并为此付出一切。付出的过程如何其实无关紧要，重要的是敢于付出。她知道，自由不是没有代价的。

萧红渴望自由，因此她就必须要为自由付出代价。然而就算是付出生命的代价，她也要奔向心中的自由之光。

1931年2月末，李洁吾意外收到陆哲舜拍来的电报，说萧红已乘车来到了北京。

这个消息让李洁吾非常兴奋，自从萧红回家之后，他一直都非常担心萧红的处境。

他曾经也寄过信给萧红，但是却都石沉大海，杳无音信。

这一天，李洁吾约算好了列车到达的时间，去车站接萧红。可许久的翘首盼望，他却始终没有看到那个期待的身影。

一番思量后，李洁吾又立即返回二龙坑。耿妈开门见到他，就说萧红已经回来，放下行李就去学校找他了。

急切的喜悦和盼望使得两个人错过了相遇。李洁吾又匆匆忙忙地赶回学校，萧红果然坐在宿舍里等他。

当李洁吾看到萧红的时候，完全呆住了。萧红的变化太大了，似乎变成了另一个人。

萧红穿着一件貂绒领、蓝绿华达呢面、狸子皮里的皮大衣，颇有点阔小姐的派头，举手投足间染了尘世的风情，却始终还是透着些学生味的青涩。李洁吾甚至揉了揉自己的眼睛。他要确保自己看见的究竟是萧红，或者是萧红的什么亲戚。

没错，她的确是萧红，一朵经历了磨难洗礼的花，如今看来，更显红艳。

久别重逢，两个人自然是有说不完的话，更多的谈话内容是关于李洁吾的情况，还有学校的事情。当李洁吾提及萧红在家的情况，她就是笑笑，然后又转向其他的话题。

每个人的心中都有一块不可触摸的痛，它柔软、敏感、纤弱，时时刻刻地催人清醒。同样，萧红把这样一段经历埋藏在了自己心底。她想要淡忘那段痛苦的记忆，就算是忘不掉，她也不希望再被提起。

聪明而敏感的李洁吾也就不再问了，他知道那是萧红不愿触及的伤疤。

相逢非常喜悦，两人兴奋地聊了很久才各自回去。第二天，李洁吾又去看萧红，而萧红忽然病倒了。她一直发高烧，脸色苍白，精神恍惚。李洁吾看萧红一人孤孤单单，每天都赶来照顾她。陪她聊天，给她熬药。一个星期左右，萧红的病情才开始好转，仿佛又回到了之前的那段时光。

对于萧红来说，那一周的病痛，仿佛是又一次劫难。所有的人生故事，都像是重演了一遍，耗尽了她所有的精神。

每一朵花，总有它绽放的理由，而萧红这朵鲜艳的花蕾，一直都渴望着自由，在经历了一重重凄苦的风雨后，她定是要绽放得更美、更艳、更饱满。

此刻萧红心中最惦念的，也就是上学的事情了。新的思想、新的知识是她深深渴望的。

这时，陆哲舜又来信托李洁吾照顾萧红，希望能够帮助萧红继续上学。但对于入学的事情，李洁吾告诉萧红，以自己的经济状况无力应付，建议等陆哲舜来北京以后再说。

欢欣之后，又是失落，一轮一轮地折磨着萧红的心。任理想再好也还是难倒在了现实跟前。她一个穷学生，又是一个外地人，根本没有能力去解决自己的学费问题。萧红虽然着急，也只好同意了。

古今多少人，多少事，都跌落在了理想与现实的山涧。其中苦痛是自然的。无助的萧红，只能等待，这来自于陆哲舜的一线希望。

等待的日子总是漫长，一颗焦灼渴盼的心，却等来了另外一个人。

不速之客

生活总是会有一些意外让人措手不及。

一天傍晚,李洁吾和萧红坐着闲谈,听见有人叩门,接着耿妈进来说:"有人找小姐。"

萧红走出门去,不料那个人已经闯了进来。萧红脸上立刻露出惊愕的神色,她的心也忽然被撞得慌乱。而那个人进屋之后,随即重重地坐到椅子上,一言不发。萧红跟在他的背后,伸了伸舌头,做出个怪相。

李洁吾正猜疑间,萧红咬了咬嘴唇给他介绍说:"这是汪先生。"

来人正是汪恩甲。

李洁吾向那人点了点头,自我介绍说是萧红表兄的朋友,听说萧红回来了,特地来看看的。

汪恩甲听说后立即生起了醋意,他怀疑起了李洁吾和萧红的关系。他并没有理会李洁吾客套的自我介绍,而是不怀好意地沉默着,继而又从怀里掏出了一摞银元,然后就开始用手摆玩着这些硬币,漫不经心地让那些银元从手上一个个地坠落,他已经在给李洁吾下"逐客令"了。

气氛变得异常尴尬,无奈之下李洁吾只得告辞出门,萧红没有送行。而后,便是冗长的沉默。

李洁吾后来一连几次造访,都发觉屋子紧锁着,里面没有一点声音。最后一次,耿妈听到叩门声,出来告诉他说,萧红和那个男人出去了,并且说,那个男人就是"小姐的未婚夫"。

从那以后,李洁吾再没有去过西巷了,那些曾经的铃铃欢笑,那些曾经的理想火花,都被困在了记忆里。逝去的光年,究竟是西巷的感伤,还是人心怅惘,他们已经分不清楚了。

那段日子里,经常去看望萧红的还有高原,也就是高永益,还有张逢汗。高原是萧红好友徐淑娟的同学,因为徐淑娟的关系,他们也很自然地成为朋友。初次相见,萧红显得非常亲切而兴奋,这让高原有些错愕。他从没有想过萧红像现在这样,他印象里她一直还是那个安静、倔强的小姑娘,她的热情让他心中一凛。

她身着浅蓝色的土布短衫,在早春里显得格外单薄,像一株素艳的小花,在风里倔强地舞动。她的房间里只有一张单人床,一张小桌和一只小凳子。

萧红的生活一直都很困苦,为了维持生活,萧红常常去旧书摊卖书,换来一点点钱维持窘迫的生活,守着一线理想之光,渐次求索。

高原注意到房间的墙壁上挂着一个男人的头像,萧红眼神空洞地看着肖像,她告诉高原,这画中的人是汪先生,还说了自己要结婚的事情。她平静地同高原讲述着她身边发生的事情,表情淡漠,眼神微幽,隐隐地浸着哀凉。

显然萧红和汪恩甲之间又发生了事情,其实也简单,两人之间唯一的矛盾也就是去留的问题,一个急切地要结婚,一个一心想求学。

好不容易逃离了哈尔滨，眼看着离学校越来越近了，萧红心中定是一百个不愿意回去的。

而现今经济问题越发严峻，之前身上那些个值钱的东西早都进了当铺。

一切问题的核心都是钱的问题。

到了三月底的一天，萧红突然跑到学校找李洁吾，说是生活上有了困难，问可否帮她想想办法。李洁吾搜遍了全身的口袋，凑不足一元钱，便全数交给了她，接着问她的生活怎样，上学了没有？

她黯然回答说：目前这一切都无从谈起。

她眼神中的光彩在瞬间寂灭，生命里尽是无望的哀伤。每一秒钟里，连呼吸都格外压抑。

前方道路交错，心中是一座空城，她只能眼见着梦想的光渐渐地暗淡下去，这样的生命跋涉，格外艰难。

李洁吾看着萧红的背影，心中很不是滋味，他多想冲过去保护那个瘦小的身影，然而，他是那样的无力。除了精神上的支持和同情，他无能为力。

过了几天，李洁吾再次进城看萧红。耿妈说，萧红已经回东北去了。

她像一抹天光艳影，在北平闪过，又转瞬间没了踪影。

又一次梦的坠落，还未及硕秋结甜果，就在花枝夭亡，她凄然地离开北平，就如同从花枝坠落。没有炫目和灿烂，有的只是深深的哀伤。隔离了梦想的剐心之痛，铭刻成生命的痕迹，此生难以抹平。

1931年3月末，春之将至，万物新生之时，她却无望地回归。多么讽刺，但命运偏偏如此弄人。最美的期望，总是得到最痛的果子,最真的心情,总是得到最无情的辜负。

这世上灼灼光年,或许正因为有了这些哀伤的事,才显得格外动人。万般无奈之下,萧红跟随汪恩甲回到了哈尔滨。

下车之后,萧红先在徐淑娟家里住了几天,她需要一个心理的缓冲去面对那个冷漠的家庭。几天后,萧红回到了呼兰。

然而,呼兰小城里,已经是风雨满城。张家姑娘和野男人跑了,这已经成为了这座小城的头条大新闻,邻里街巷都在分析着故事的原委。故事越传越走样,越来越传奇。萧红毫无疑问地成了败坏张家声誉的罪魁祸首。

很快,萧红被转移到了福昌屯,一个及其闭塞的地界。这里是一个典型的东北豪强的庄园。为了防止匪患,村外被一条矩形的沟围着,沟壑很深,足有三米,而且里面被注满了水。东南开门,煞有过去护城河的架势。

封闭安全,如同又一个囚牢。

虽然免除了社会舆论的侵扰,但是她却不折不扣地被家族的人定义为了灾星。

萧红处于被囚禁的状态,二三十双眼睛盯着这样一个叛逆的姑娘,每一双眼睛,都是她的"围栏"。

她唯一可以庆幸的是,这样的圈禁使得她免遭社会舆论的伤害,但是来自于族人的敌视、猜疑和冷落更是锋利的剑,时时刻刻地刺激着她的心。

萧红倔强的性格自然是难以忍受这样的冷言恶语,最开始,她还声嘶力竭地为自己辩白,据理力争地同亲人理论,可是渐渐地,她发现,无论怎样解释,怎样控诉,她都不会得到半点认同,责难之声只增不减。所有抗争的声音,最终的听众和知己,也只有自己而已。特别是继祖母，像一头阴鸷的猫头鹰一样，黑夜里也紧盯着她的行动，动不动骂她丢脸，这使得萧红总是处于一种十分紧张的状态。萧红孤独痛苦，总是暗暗靠着墙根哭泣，可倘若被继祖母看见了，一定会被骂得更凶："你真给家里出了名了，怕是祖先上也找不出这丫头……"

虽无半点肮脏字眼，却是字字都浸透着刺骨寒凉，一次次刺痛了萧红的心。

每一天朝阳升起时，萧红感觉不到半点希望；每一天日落黄昏，她都在无尽地等待。

当一个人看不到未来，又不能在当下里开怀，那么她能够做的，只有回忆。在回忆的光景里寻找片刻温暖，维持灵魂喘息。

萧红在痛苦和失落中写下了怅然的诗篇：

> 去年的五月，正是我在北平吃青杏的时节，今年的五月，我生活的痛苦真是有如青杏般苦涩！（《黄金时代》）

北平装置着她的快乐，还有对梦与知识的渴望。萧红渴望此时能有个人来解救她，门墙、栅栏，她无时不在寻找逃跑的机会。在被软禁了八个月之后，萧红终于趁着时局纷乱逃离了福昌屯，一个人出现在哈尔滨的大街上。

关于这段痛苦的记忆，萧红把最黑暗的部分留给自己，这是她孤独而自爱的方式。

然而这一次的逃离，她却是两手空空。这一次的逃离没有任何计划，也没有任何人能够为她的前路铺陈，她唯一能做的只是等待。

寒夜独行

初到哈尔滨时已经是深夜,寒风呼啸,是对这样一个时代的愤怒嘶声,又仿佛是萧红心底的呼声。她在寒风中瑟瑟颤抖。

当她踯躅在大街上,或是宿在狭窄而阴暗的小屋子里时,感到了一种从未有过的生疏、空阔、孤独和无所凭借的凄冷。在哈尔滨,她其实有着不少的同学和亲友,却都不愿意前去投靠,即便偶尔在街上遇见,也抱着一种矜持的态度抗拒着。她觉得,几乎所有熟识的人,投给她的目光都是可怜的、轻蔑的、审视般的。与其这样,她宁愿默默地啃噬痛苦,总要好过在天光下晒伤疤。

冬天越来越深了,萧红被寒冷逼得紧,思来想去,她还是非常希望能够得到陆哲舜的帮助。于是,她鼓起了勇气去敲打陆哲舜家的门。

萧红一边敲门一遍渴望地呼喊:"姑母,姑母……"然而得到的回应,只是深夜里阴冷的几声犬吠。

陆家人或许都睡了,或许听见了萧红呼唤,才特意没有回应,同情一个为家族带来耻辱的姑娘,也就是同声望颇高的张家作对。因为他们没有任何理由去理会萧红。在那样一个寒冷的时代,同情心也早都被人世沧桑捂凉了。

繁华的街,墨染的黑夜,萧红独自一人徐徐地走着,前行与后退都是同样的寒冷和孤独,她朝着徐淑娟家走去,就在这个夜晚,萧红强烈地感到脚底有针刺似的痛楚,双腿也渐渐麻木起来。

她坦白说,她一时竟羡慕起那些经过的临街的楼房,憎恨起每个窗子,因为那里面有的是温暖和快乐,并且一定有很好的眠床……

积雪在地上发出吱吱的响声,每一个步子都是寒冷的,都在吮吸着她单薄的身体。对温暖的渴望甚至让她怀念起家乡的马房,她觉得现在有一个马房都是好的,里面一定会有柔软的稻草,能保护她不受这寒风的啃噬。

在这个夜晚,萧红饿着肚子跑来跑去。一整天没有吃东西,搜尽了身上所有钱,才喝上一杯热浆汁,昏沉沉的,浑身发软。也就是这时,她被一个老婆子发现了。她终于跟随这个老婆子走了,而等她来到了陌生的住处,她才知道,老婆子原来是一个专操皮肉生意的酒鬼。

老婆子又奸猾又凶狠,收养了一个十三四岁的女孩,也是准备养大以后当妓女的。深夜里,萧红听到女孩的尖叫,看见她被剥光了身子站在角落里,老婆子惩罚她,拿着雪块一把一把地打在她的身上,雪水顺着女孩的身体流下来。

第二天,萧红要走的时候,老婆子拽住她,要她留下一件衣裳去典当。她随即把单衫从身上脱下来,好尽快离开这里,这才发现套鞋不见了。老婆子告诉她,套鞋在昨夜已经被小女孩偷去,卖了钱交给她了!仿佛做了一场噩梦。无可奈何的萧红只得穿着夏季穿的通孔的鞋子走在雪地上……

一个女子,一面要同恶劣的生存环境搏斗,一面又要与沦陷于生活之中的懦弱、畏缩、沮丧的情绪作战并且取胜,真是谈何容易!心高气傲的萧红,沿着流浪的道路一步步地往下走,锐气也就一天天消磨殆尽了。身上有东西可卖,都是幸运的,可依靠的。而这时的萧红,连一个铜板也掏不出来了,除了穿着的一件夹袍、一条绒裤、一双透孔的凉鞋之外，身上再没有多余的东西了。

她成了彻底的无产者，身外无物，连生存都难以支撑，又何谈自由和理想？

当所有希望幻灭，她便也会一层层地退而求其次地选择。

绝境里的萧红，想到汪恩甲是很自然的事。虽然汪家已经解除了婚约，但是从汪恩甲个人对她的态度来看，她有理由相信，他一定可以接受自己。

以择偶来说，汪恩甲当然谈不上是理想的对象，可是有哪一个男人值得自己为之委身呢？也许她自觉到了经济上的依赖性，需要在前"未婚夫"那里找到合法的身份来麻痹自己，为了生存，她只能屈服，屈服于凄冷的现实，留一抹冷笑，徜徉后生。

汪恩甲不能带萧红回家，因为他的家庭已经对萧红满怀怨怒。他们住在了哈尔滨的东兴顺宾馆。

旅馆的条件不错，旅馆老板又与汪家交往甚密。不管怎么样，萧红终于是结束了饥寒交迫的流浪生活。汪恩甲会经常来旅馆过夜。对于萧红，能够有一处遮风避雨的住所，一张温暖的床，这已经是极大的满足。

当她被困难折磨得身心俱疲，反而更能在这种浅显的生活琐事中得到满足和快乐。她想忘掉一切痛楚，她想逃离这样一种身不由己的无奈命运。

在汪恩甲的劝说下，萧红开始吸鸦片烟，云烟雾海里，仿佛痛苦会在某个兴奋的片刻离开身体。她渐渐地沉迷，沉迷那一片迷惑的鸦片香。

英国有一位作家在小说中这样说香烟的作用："它是孤独者的伴侣、单身汉的密友、饥饿者的食粮、悲伤者的解药、失眠者的睡眠、挨冻者的火炉。"对于萧红，这里说的都非常合适。

生活渐渐稳定，再加上鸦片的作用，萧红的生活开始恢复生气了。继续学业已经无望，她也只能接受眼前这样一段婚姻。

两人公开同居的事情不久就被汪恩甲的哥哥汪大澄知道了，他非常气愤，他认为萧红之前的出走有辱汪家的门风，而且这个丫头连离家出走的事情都做得出来，以后说不准会做出什么过格的事情来。

汪大澄坚决不同意他们的婚事。父亲已经过世，长兄如父，而且汪大澄掌握着汪家的财政大权，汪恩甲是不可能违逆哥哥的，只能暂时瞒着萧红，等哥哥消气之后再做打算。

萧红虽然继续与李洁吾保持着某种联系，却也不复先前的单纯和密切。有些在萧红看来是要紧的事情，譬如与汪恩甲同居的事，她是不想说出的。她对陆哲舜也不再怀有复合的希望。

第一次来京，她还曾经有过敞开心扉的时候，这次却是完全关闭了自己，无人可以诉说。心中的无望和痛楚，难以再抹平，那些无可挽回亦无可弥补的痛苦，也不必与他人说了。

人生至此，整个就是一出哑剧。大幕沉沉，虽然看见出场的人物，但是看不到场次，剧情的进行也是不清楚的。

旅馆堕落

青春的欢乐将掩盖许多生活问题，虽然萧红并不爱汪恩甲，但被爱的感觉对萧红来说却非常重要。有爱的滋润，总是温暖的，有汪恩甲的陪伴，怎么也好过她一个人孤独地承受苦寒。

生活总是会让人意想不到，萧红忽然间发现自己怀上了孩子。期间萧红与汪家又发生了些纠缠，几番周转，她又回到了原点。

哈尔滨，道外十六道街，东兴顺旅馆。萧红拖着日渐笨重的身体，蜷居在旅馆里。她已经不能再像从前一般流浪了。

一只受伤的鸟，朝南绕了一圈，又重新在这里坠落。她一次次挣扎，得来的却是更大的失望。

当生存已经成为一件困难的事情，又怎么会有力气追寻生命的理想？每一次劫难，她都以为最痛不过如此，然而，她在苦难里挣脱后坠入的却是更深的苦海深渊。

旅馆完全地把她和扰攘的社会隔开了。没有熟悉的面孔，没有通讯，没有探询和慰问，萧红靠着一份《国际协报》，来了解身外的世界。

汪家给汪恩甲断了经济支撑，两人只能在旅馆老板那里赊账。慢慢累计起来，欠债多达四百元。萧红的肚子越来越大，而随着他们欠款的数目越来越大，老板的脸色自然也就越来越难看了。

有一天，汪恩甲对萧红说，他要回家拿钱来还账，结果从此就再无音信了。

汪恩甲的行为十分可疑。此去的原因，可能是因为他的父亲跟随马占山抗日被杀，家庭失去了经济支柱。但不管他离去的原因是什么，此后却只剩下了萧红一个人，她的生活陷入了更加困苦的绝境。

汪恩甲走后，老板停止了对萧红的伙食供应，把她赶到楼上顶头一个堆放杂物的房间里，那个房间散发着霉味，有个临街的阳台，又冷又潮湿，老板不停地向萧红索要欠款。

不过，这样的软禁对于萧红来说还算是不错的。因为像她这样一个挺着大肚子的孕妇，如果离开了旅馆很有可能很快就被冻死或饿死在街头了。

旅馆老板一直扣留着萧红这个人质，等着汪恩甲来还钱，他甚至还威胁萧红，如果她还不上钱，就会把她卖到桃花巷的妓院里去，卖身还债。

萧红闻听，心中极度恐慌，她本以为现如今应该是最糟糕最痛苦的境遇，而这一刻，她才意识到，雪山之后是另一座雪山，绝望之下的谷底更深更寒。

每天，她不得不挺着一个大肚子到街上买面包。周围是账房先生、茶役、妓女和别的旅客，当她路过时，他们纷纷投来轻蔑的、怜悯的，各式怪异的目光。她努力抵御着，做出矜持的姿态。只要听到茶役经过门前的脚步声，她就会疾速地将面包塞入衣袋，掩饰自己的穷窘。

在旅馆的每一天，都是度日如年，她只能暂将希望寄托在汪恩甲身上。她只当是汪恩甲眼前遇到了些困难，缠住了寻她的脚步，而从不敢想他就是蓄意对她辜负。她尽量克制自己的想法，她害怕自己被绝望打倒。

萧红深陷在精神和生活的双重苦难中，难以自拔。幸福，已经成为了梦里的奢望。

那些将要做母亲的女性常常会感到幸福，一种面临创造的幸福。但是，在萧红这里，只有惶恐与苦痛。此刻的她，身怀六甲，双身双痛，一个新生命即将到来，她却完全感受不到半点温暖的希望之光。自己是如此的软弱无助，想到不久将有一个更加弱小的生命要依靠她生存，她不禁肝肠寸断……

家人近在咫尺却对她不闻不问，由她在外不知生死。她饥肠辘辘，身无分文，旁人冷瑟言语，老板恶狠狠地逼债……

世态炎凉，萧红已经尝尽了各种苦寒味道，但仍小心地守护着心中最后那点绿豆烛火。她希望那个人能回来，救她脱离这苦难海洋。

萧红有时甚至会想，她曾经叛逆地逃婚而求学，可命运兜兜转转，她还是同汪恩甲同居在了一起，没有名分，没有一个像样的住所。如果当初顺从命运，今天或许就不会承受这样多的痛苦了。

转了一圈，收获的只有数倍的困难。她迷茫了，迷失在关于宿命的自我审视中。以有限的食物维持两个人的生命，萧红的体质迅速衰弱。她开始失眠、头痛，恐惧在忧烦与焦虑的纠缠中时时袭来。

她自知从此不可能回到任何一个家庭。至于往日的同学朋友，所有的联系线索都被自己给掐断了，即使能找到，又有谁愿意在这个时候伸出援手呢？

萧红不想坐以待毙。深埋在困难里，让她迸发出了更强烈的对生命的渴望。彩虹和阳光总会驱散风云阴霾，柳暗花明总出现在山重水复的摸索之后。世间诸多事，都是如此，一个极致，是另一种开端。

萧红，一个命定不凡的女子，就算坠落花枝成了流转的浮萍，也会在命运的凄风苦雨中绚烂绽放。

她要在苦楚绝望里涅槃重生，她的心中升腾起了强烈的求生愿望。

在泪眼迷离间，她的目光落在手头《国际协报》文艺副刊的一个专栏"老斐语"上面，游移着，突然凝定起来。萧红开始向社会发出了试探性的呼救。

最初，萧红的做法还是比较含蓄的，因为她心中对汪恩甲仍抱有希望。

五六月间，她把《春曲》邮寄到了《国际协报》的副刊部，署名悄吟。副刊主编裴馨园没有采用。小诗在编辑手中传阅了一遍就被放在一边了。

一首被无意搁置的小诗，却是萧红满心寄予的希望。她每天都盼复着回音，等来的只有无声的空寂。

一段时间后，萧红又把《春曲》邮寄给了《东三省商报》的副刊编辑，并附上了一封相对含蓄的说明信。

编辑先生：

我是被困在旅馆的一个流亡学生，我写了一首新诗，希望能够在你编的《原野》上发表出来，在这大好的春光里，可以让人们听到我的心声。

副刊编辑方未艾看后觉得小诗不错，就将它放进了待发的稿件中，而对于这样一个含蓄的说明却没有太过在意，只是把它视作那些为博得文章发表而对自己的处境夸大其词的学生常用的伎俩。

两次投稿求援，都杳无音讯，这让萧红感到失落。她在心中预演了一次次获救时的欣喜场景，却从没有一个场景跳到现实中，都不过是微幽灯影里的一场难圆好梦。

转眼至夏，蝶舞花香，又是一年繁华时节。阳光开始变得热辣，炙烤着这片土地上的匆匆人影，炙烤着一个个悲伤动情的故事。

苦寒里留下的精神创伤，在这个燥热的季节里被晒得生疼，就连对汪恩甲的希望，也被晒干了。萧红已经知道，他不会回来了。

这时候她的身体已经越来越笨重了，而且她听说旅馆老板已经给她找好了一家妓院。

事已至此，已经是萧红的绝境了。她所能想到的，就只有向《国际协报》求救了。她想要逃离这痛苦的境地，所以，就算希望渺茫，她也要紧紧地抓住这根救命稻草。

1932年7月9日，萧红向裴馨园发出了紧急的求救信。隔日，裴馨园看到了署名为悄吟的信。他对这个名字还有些印象，而这信中内容更让他感到震惊。

如花少女，反抗封建家庭的包办婚姻，离家出走，追求理想和自由；因为生活无着，上当受骗，被人抛弃，身陷旅馆受尽苦难，与家庭割裂，无亲无故，眼下腹中胎儿又将诞生，处境已经非常险恶了。

裴馨园把萧红的信给编辑们传阅了一遍，当大家读到"难道现今世界还有出卖人的吗？有！我就将被卖掉……"这样滚烫的字句，所有人的心都被点燃了。在现今这样一个世界里，竟然有这样的悲剧发生，他们无法平静地坐视不管。

"我们要管，我们要帮助她！"裴馨园当即决定第二天要去东兴顺旅馆看一看。

第二天，萧红见求救信没有得到回应，以为自己的求救又一次要石沉大海了。迫切的求生欲望使得她鼓起勇气，在7月11日又给裴馨园打了电话，进一步说明了自己所处情况的紧急之处。裴馨园决定立刻去旅馆。

这样坚决的反馈让萧红心中燃烧起了希望的火焰。

人生最大的喜悦无非就是，所求即所得。而这也是此刻萧红的心情。在那昏暗的房间里，她的双眸，忽然亮了。裴馨园曾叫正在整理稿件的萧军一同前去，而萧军却果断地拒绝了。

萧军原名刘鸿霖，辽宁人，据说祖先原来也是山东的移民。他的出身颇具传奇色彩，亲属和邻居中有不少绿林人物，不满周岁，母亲便吞食鸦片自杀，他从小跟随父亲浪迹四方，长大后一直过着军旅生活，"九·一八"以后，他在舒兰组织义勇军失败，被叛军押解出境，从此流落哈尔滨。

这是一个混合了流浪汉和武士性格的人，有意思的是，他竟染有文学的癖好，在兵营中，便很爱填写旧诗词，有时也写点散文之类。因为投稿的关系，萧军认识了裴馨园，从此结为朋友。他食宿在裴馨园家里，一面协助编报，一面写作。

当时的萧军没有想到，就是这个他当时拒绝帮助的女人，却在后来和他的命运有着非同一般的牵连。

就这样，裴馨园和其他三名编辑直奔东兴顺旅馆。他们心中怀着一种英雄情结，揣着火一样的热情，前去营救这个落难的孤女。几个人到达东兴顺旅馆打听到萧红的住处，就直奔二楼的储物间，敲开了她的门。

阴暗潮湿的房间，只有床褥和一些零散错落的旧报纸。萧红脸色苍白，眼睛里没有神采，她被这悲苦的命运吸干了精魂。褪色的蓝布衫，赤足穿着皮鞋，在这样的一个环境里，处处散发着破落的悲伤感。

裴馨园和编辑们同萧红了解了她的一些具体情况，并安慰了一番，离开之后，裴馨园找到了老板，表明了自己的身份，并明确要求要正常给萧红供应伙食，一切费用由他们负责。

老板看是报馆的人，不敢得罪，对萧红的监视，也从此放松了许多。

缘分来了就是你

萧红的生活状况有所好转，但是要彻底地脱离困难，似乎还有很远的路。她拖着沉重的身体，拖着疲敝的灵魂，只能够无声地期盼，无声地等待。

裴馨园又邀请了一些作者到道外北京小饭店吃饭，向大家介绍了萧红的情况，请求大家的帮助。这些作者听了深表同情，各自提了一些建议。有的计划着怎样抽出薪水为萧红还债，有的为萧红筹划着未来的职业。整个晚饭讨论焦点都是萧红，大家纷纷出谋划策。

轮到萧军表态的时候，他则表示自己一点办法也没有。他说自己是一个一无所有的人，只有头上几个月未剪的头发是富余的，如果能换到钱帮助萧红，可以连根拔下来，毫不吝惜地卖掉它。大家笑了起来。

裴馨园提议写文章义卖。

"天呐！"萧军接着说，"在哈尔滨写文章卖给鬼吗？何况我又不会写卖钱的文章。"

一场小的聚会，所有人都积极地为拯救萧红献计献策，而看上去只有萧军对这事不太积极。到最后，所有讨论都仅停在了讨论的语言层面上，还是没有得出一个实际效用的方法。

菜羹已尽，酒已殇。小聚之后，空空散场，大家各走各路，在许多人的头脑中，萧红的故事，随着身体里的酒精一并挥发消解了。酒局散场，萧军独自沉默地走了很长一段路，当夜，他彻底地失眠了。

报馆人员的出现使得旅馆老板开始紧张起来，这也使得他更加深了对萧红的愤恨，在他看来，这个小姑娘原本就欠了自己不少钱，现在反倒鼓动起报社来威胁自己，自己还得好吃好喝地供着她。他心中的怨怒更深，所以他换着方法紧逼萧红还债，这使得萧红时时都处于精神紧张之中。

无奈之下，萧红只能紧紧地握住眼前这根救命草，她连续给裴馨园打了几次电话，裴馨园却都不在，都是正在为裴馨园处理稿件的萧军代接的电话。他知道电话那头正是在旅馆的落难者悄吟，可是他却不愿意同她继续搭话。

萧军曾经在哈尔滨做过宪兵见习生，在街头和饭店纠察军事纪律，他见过太多命运悲惨的女子。他的心灵已经磨砺出了一层坚硬的壳。萧军知道自己没有力量去帮助她，索性也不要空空地许给她希望，来给自己贴上慈悲心肠的沽名。

裴馨园召集一些朋友再次去东兴顺旅馆看望萧红。萧红的状况给他们留下了深刻印象。面色苍白，神情恍惚，危险的境遇几乎要将她压垮。一个孤独的女人，要独自承受这样深刻的苦难，他们的心都被深深地刺痛了。

回到报馆后，几人议论的话题始终离不开萧红，他们决心全力解救她。从众人的描述中，萧军了解到了萧红的一些情况。他口中虽不言语，但心中却涌起层层波澜。

过了几日，萧红又给裴馨园来了几次电话，说她想借几本文艺书看，因为没有外出的自由，希望能把书送到旅馆去。裴馨园接电话时，萧军恰好在旁整理稿件。于是，当裴馨园托请他代劳的时候，他爽快地答应了。

缘分是刹那的偶然，而爱情又是注定的缘分。

世界诸多事，缘起缘灭都无所征兆。没有永恒的痛苦，只有不可预知的遇见……

甬道狭长而幽暗，每一步前行，都更靠近一个故事。像是有一道命运的桥，伸进萧红的宿命里。

茶房把萧军带到楼上的一个房间，敲开门，随即退走了。甬道的灯光照进来，萧军眼前出现了一个女人的轮廓：半长的头发散落在双肩，圆形的脸上，一双大眼睛闪着亮光，直盯着他，眼神中带着惊悸和警觉。

"您找谁？"她气力微弱地问着，心中有些警惕地揣测着眼前人的身份。

"张廼莹。"

她"唔"地应了一声，立刻拉开电灯。

萧军拉过来一把靠窗的椅子坐下，把带来的书放在桌面，同时把裴馨园的介绍信递上。他闻到了房内冲鼻的霉味，又左右打量一番，尽是萧条和凄冷。

她全身只穿一件褪了色的单长衫，有一边已经裂开到膝盖以上，光裸着小腿，脚下拖着一双变了形的女鞋。

女人站在屋顶上灯光直射下来的地方读信，好像读了又读，脸色变幻不定，纤长的手指在微微颤抖……

萧军看到她的散发中间有不少闪亮的白发，感到十分吃惊。她一面说着话，一面将笨重的身体偎在门旁，看样子是害怕这位信使突然走开。她太孤单了，她对信使充满了流连，她舍不得温暖和希望。

"我原以为是我在北平的朋友托人来看我的……想不到您是报馆的，您就是三郎先生？我读过您的一篇文章，是对我脾胃的，可惜没能读完全……"

她从一张空荡荡的双人床上扯过一张旧报纸，指着说："就是这篇文章……"那报纸上连载着萧军的短篇小说《孤雏》,署名三郎。——裴馨园想必在信中提到了这个名字。

萧军一副公事公办的样子,交代完后,微微笑着应承了一下,站起身告辞。他不敢再继续待下去,他怕,怕自己给她带来更多的失望。

"我们谈一谈……好吗?"萧红用乞求的语气哀声说。

萧军看了萧红一眼,迟疑了一下,终于坐了下来,点了点头说:"好的。"

女人坦率地述说了自己过去的一段历程,以及目前的处境。萧军静静地听着,无意间把散落在床上的几张信纸顺手拿过来看了一下,见到上面画了一些花纹和紫色的字迹,还有仿魏碑《郑文公》的几个较大的字,不禁好奇地问:"这是谁画的图案?"

"是我无聊时下的。"她从床上寻到一截一寸长短的铅笔,举起来说,"就是用这段铅笔头画的。"

"字呢?"

"也是……"

"你学过《郑文公》吗?"

"在学校学画时学的……"

接着,萧军又指着抄写工整的几节短诗问道:"这些诗呢?"

"也是……"她脸颊上忽而出现了一丝淡淡的红晕,有点不好意思,扬起头看了萧军一眼。

> 去年的五月,
> 正是我在北平吃青杏的时节,
> 今年的五月,

> 我生活的痛苦,
> 真是有如青杏般苦涩!(《黄金时代》)

就在那一瞬间,萧军觉得世界忽然变了。出现在他面前的,是他认识的女性中最美丽的人!刚才给予他的所有晦暗和苦难的印象全然不见了,眼前他所见的,是一个饱满而闪耀的灵魂。

"当我读着您的文章时,我想这位作者决不会和我的命运相像,一定是西装革履,快乐地生活在什么地方,想不到您竟也是这般落拓啊!"

萧军低头看了看自己身上穿的褪色的学生装、补丁灰裤子、绽口的破皮鞋,不禁笑了。萧红也笑了。顿时,这温暖的瞬间,为萧红的心中注入了无限温暖。

他们聊了许久,他们谈到了读书,又说到了萧红的幼年。讲到那些美好的回忆,萧红灰寂的眼神中闪出微光,萧红说她喜欢唱歌,喜欢作画……但她却不喜欢太阳,说太阳是个没有情趣的鲁男子。

萧红又问萧军,他对于爱的哲学是怎样理解。萧军只是笑了笑,回答,谈什么哲学,爱就爱,不爱便丢开。

"如果丢不开呢?"萧红又继续追问。

萧军当即爽朗地回答:"丢不开,便任它丢不开!"

说完两人同时放声大笑起来。

萧红已经许久没有笑过了,这一刻,她忽然发现,自己还是会笑的,心中忍不住有种流泪的冲动。这是一种发自内心生出的喜悦。

两人又聊到了死亡。萧红并不惧怕死亡,但是她热爱生命,她在极端绝望的时候,仍然对生命满怀崇高的执著。虽然死亡能够摆脱所有痛楚,但是她依然高亢地拒绝着死亡的诱惑。

就这样，两人聊着，聊了很久，像一对重逢的老友，有说不完的话。

临走时，萧军指着桌上用一块纸片盖着的半碗高粱米饭，问她说："这就是你的饭食吗？"

萧红漠然点头。

泪水要溢出眼眶，他强忍着控制自己的心。他的心里有种声音在呐喊：我必须要不惜一切代价拯救她，拯救这颗美丽的灵魂……

他不能让眼泪溢出，于是就装作寻找衣袋里的什么东西一样低下头来，他把衣袋中的五角钱放在桌子上，说："留着买点什么吃吧。"说罢匆匆道别。

交出仅有的五角钱之后，萧军便没钱坐车了，十多里路的归程只好步行。这一路上，他始终无法平静，他的头脑中无数次闪过这个美丽的灵魂。

夜深如墨，星光闪烁。萧红的心也在这个夜里鲜活起来。萧军的出现让她死寂的心海生起了狂澜。

当夜，她写下了这样美丽的诗句：

> 我爱诗人又怕害了诗人，
> 因为诗人的心，
> 是那么美丽，
> 水一般地，
> 花一般地，
> 我只是舍不得摧残它，
> 但又怕别人摧残，
> 那么我何妨爱他。（《春曲》）

心有灵犀,苦难与热恋

一见倾心

第二天晚上,萧军再次来到旅馆。

两颗灵魂的碰撞,闪耀出了绚烂的火花,在互相全然没有料想的情况之下,双双坠入爱河了。这对于彼此来说,都如同一种恩赐。

萧军在一篇名为《烛心》的文章里,如实记录了两人闪电般结合的过程:

> ……由相识相爱仅是两个夜间的过程罢了。竟电击风驰般,将他们经年累月,认为才能倾吐的,尝到的……那样划着进度的分划——某时期怎样攻,某时期怎样守,某时该吻,某时该拥抱,某时期该……怎样——天啦!他们吃饱了肚子。是太会分配他们那仅有的爱情了,我们不过是两夜十二个钟间,什么全有了。在他们那认为是爱之历程上不可缺的隆典——我们全有了。轻快而又敏捷,加倍地做过了,并且他们所不能做,不敢做,所不想做的,也全被我们做了……做了……

这突如其来的壮丽爱情,萧军称作"偶然姻缘",而萧红则说是"初恋"。在苦难的漩涡里挣扎太久，对萧红而言，爱太难得，而爱亦是能胜过一切。

能遇到一个给予自己爱，而自己又能够倾心的人，这是莫大的幸福。古往今来无数人苦苦地追寻，而如今，她却偶然遇见，她必定是毫无顾忌了。

都说世间爱情甘如美酒，饱饮爱情美酒的人们会有幸福的眩晕，可是，萧红的幸福中却还是夹杂着阴晦的苦涩，因为她仍然得过牢笼般的日子。不要说投入到自然里去尽情书写诗篇，填饱肚子，已经是她的一大难题。一种极端的碰撞和冲突，在打磨着萧红。

风花雪月，是衣食无忧里才能赏得到的美景。此刻，她的心，正在饱受灵魂的折磨。

爱是爱，自由是自由。失去自由的爱是可怜的、卑贱的、没有活力的。而这也正是萧红的写照。自由的限制，疲惫的身躯，使得萧红不能够尽情啜饮爱的琼浆。

萧军看到萧红的状况，却只能生出越来越多的无力感。一个顶天立地的男子汉，眼看着爱人受尽困难，那种噬心的痛苦一次次直锥心底。

尽管寂寞和饥饿每天都啮噬着萧红，但只要看见萧军的笑容，她便会感到无比幸福和满足。食不果腹，但她却能享用着世上最奢华的奢侈品——诗人的爱情。她觉得，这是生命给她的厚赠。虽然在生活上她依然身陷困境。但是，在灵魂上，她被饱饱地填满，有一种苦尽甘来的幸福喜悦。

一切，都是因为爱情。

甜蜜，并不是爱的唯一味道。两人的感情中不仅仅有狂喜，也夹杂着痛苦和犹疑，也有猜忌。那是所有爱情里都会出现的紧张情绪。但那对于彼此来说，都是甜美的。

当他们亲吻的时候，萧红说，我不许你的唇再吻到凭谁的唇！这样的爱，霸道而温柔。彼此渴望，对方是自己唯一所占有。

萧军曾在梦中看到萧红同别人拥吻，他被气得醒来，甚至在清醒的时候心中还是暗暗地产生一种责怪。爱得热烈之时，已经分不清楚真实与假象。真心爱了的人，连梦中都是一片情深。

当时去探望萧红的青年人士有很多，萧军的猜忌便是有所指了。甚至，他曾想过要结束这种痛苦的感觉："我们就这样结束吧！结束吧！这也是我意想中的事，你不要以为是个例外……""你爱我的诗，也只请爱我的诗吧！我爱你的诗，也只爱你的诗吧！除开诗之外，再不要涉及别的了……总之在诗的领域里，我们是曾相爱过来……"

因爱而生的失去的恐慌，让他宁愿自己早早地抛弃，免受失去的伤害。多傻的情绪，又是多真的心。

爱，皆如此。因爱生忧患，因爱生恐惧。那种渴望获得又害怕失去的感觉，是爱情最美最动人的地方。

萧红始终还是被困在旅馆里，一群朋友，想尽办法也还是没有想出一个好的办法来解救萧红。巨额的债务，就像一块擎天巨石一般压在了萧红身上。他们能做的，只是经常地探望安慰，缓解她心中的苦闷，让她的日子不那么难过。

然而，所有困难终将还由她一个人承担，无边的苦海，只有她自己一个人遨游。她的内心在无声地哭喊，她渴望自由，渴望逃离这苦难的海洋。

没想到，帮助她脱困的，竟是一场人间灾难。八月，松花江水位暴涨,堤坝溃决,哈尔滨市区一片汪洋。

或许这一朝江水泄,只为成全一个红颜故事。

洪水决堤后,随即倾泻,东兴顺旅馆所在的街道地势低,第一天楼下已被江水淹没,旅客或是纷纷逃离,或是拥到二楼,等待雇船离开。

哭号、寻呼、叫嚷……世界一片混乱,远处天水相接,仿佛一切要回到亘古洪荒。

痛苦、恐慌、渴盼……所有情绪交杂在了一起,世界苦痛瞬间都隐退,他们想要的,只是逃离这汪洋的洪水。

在这样危急的时刻,账房仍然上来催交房费,好在主人自顾不暇,和客人一道心急忙慌地提着箱子,拉着小孩走了。

洪水蔓延,世界混乱交杂。

满楼的窗子散乱地开闭,地板上落满尘泥,各处都散着悲伤和荒凉。

潮水一波一浪,席卷着死亡的气息迎面而来。萧红完全被突然而至的水患所震骇,一连三天,从窗口到床前,从床前到窗口,她用手摸抚着突出的肚子,拖着沉重的双腿,彷徨无计,双眼里透着哀凉。

没有家,没有朋友,要走向哪里?

只有一个新认识的人,然而他也是无家可归的!

外面的水这样大,他如何可以进来?

她慌张失神地想着,焦虑着,满眼映着荒芜的水城,一幅着实凄凉的景。

一个老茶房提醒萧红,叫她趁着没有人的时候赶快逃走吧。

慌乱之际,萧红恍然惊醒。恰好有一艘柴火船从楼前经过,萧红赶忙招手呼救,终于乘船逃离了旅馆。一场大水,像是一场洪荒祭礼,使她告别了被囚困的生活。

萧军深为懊恼和痛苦所折磨。他本来打算在决堤第二天就把萧红接到裴家来,可是衣袋里连一毛钱也没有。他再三思量,决计把最好的一件制服从床板底下拿出来当掉,能当一元钱的,五角钱给她买吃的送去,剩下五角给她做船费出来,自己学过几招游泳,便不必坐船了。他腋挟了一件旧制服,在大街上奔跑着寻找当铺,而终于见到了那金字招牌时,当是何等地雀跃!不料当铺关门了,人们嚷着正阳河开口了。

他只得回到住处,倒在床上,再也不想动弹。想起昨天去萧红那里竟把裤带子弄丢了,要用掉五角钱买一条新皮带时,他悔恨不已:为什么要用掉那五角钱呢?

关于五角钱的深深自责,在今时今日看来,就像是一个玩笑。可这却是那个疾苦的年代最真实的写照。

物质匮乏,留下的往往都是情比金坚的爱情。

当物欲横流,溜走的也同样是最真的爱,最诚的心。

当背叛和辜负上演,或许,我们现如今这样的年代才是最荒凉,最贫瘠。

最美的光年,都用作来学习悲伤。

喜悦重生

萧红带着逃离的满心喜悦,去找萧军。她虽然身体尽是疲惫,但是却如获新生。在苦难里太久,幸福感也会膨胀。在奔向萧军的路途中，她心中满怀幸福。

萧红按萧军在前些天写下的地址找到了裴馨园的家。坎坎坷坷，她总算是找对了地方。裴家的门被敲开了，萧红第一个见到的是裴太太，而不是裴馨园。

萧红穿着一件破旧的咖啡色旗袍，面色苍白如雪，光着脚，穿一双半旧的棉鞋。裴太太一脸犹疑地打量着萧红。在陌生视线的直射之下，萧红明显感到一种压迫感。

交谈的时候，萧红格外紧张，她的话很少，却显得很紧张，她甚至暗暗责骂自己为什么不迟来一些，这时不但见不到三郎，还得连累他到处寻找……

萧红尴尬地等候萧军。等待里的分分秒秒，都充满了尴尬和不安。短短的一段时间，对她来说却像是等了几生几世。

三郎的出现，使一颗悬宕着的心顿时安放下来。裴家相遇，两人更是百感交集。

对于萧红来说，萧军，是她的世界。而此刻，她心底有一种重生的喜悦。她所有的目光，都集合在了他身上。

只有在他的身边，她才能够感受到宁静和安稳。他有一副厚实的肩膀，可以阻挡风雨。这个冷酷的世界因他的存在而变得可爱，也使另一个人在绝望中重拾了生活的信心。

爱是一个亘古的谜题，它能毁了千秋社稷，亦能创造人间奇迹。爱，让萧红重新燃烧起了生命之火。

吃过晚饭后，萧军就带着萧红去了他们向往已久的道里公园。晚霞渐退，光影蒙蒙，路途中，一团团蚊虫在飞鸣，空气里散着温热的植物气息。他们两手相牵，漫步在波光粼粼的水池旁，走过小桥，穿过树林，一直走到了凉亭才停了下来。他们依偎在栏杆上，轻声谈笑着。

那一刻的轻松，萧红阔别已久了。那天，那景，那人，如此静好，世界定格在了那样甜美的瞬间。好景、良人，恍如梦中仙境，曾经那诸多苦难，仿佛是一场酒醉噩梦，成了浮尘烟影。就这样，一直流连到深夜，他们才回去。

萧红站在窗前，静静地望着三郎有点憔悴的面孔和翘起的唇，听他讲述昨夜失眠的故事，无端地想起祖父，她的眼睛不觉润湿起来了。

泪，是温热的，是她心的温度。呼兰旧事，童年的温暖，忽而在心中绵绵浮起。让她在这无边的暗夜里，终于有了片刻的温暖。童年往事，仿佛是一个前尘梦境，那么飘远，又深深地扎根在记忆里，不灭，不减。

传说有一种荆棘鸟，是自然界一种奇特的动物，它一生只唱一次歌。从离开巢开始，便执著地寻找荆棘树，当它如愿以偿时，就把自己娇小的身体扎进一株最长、最尖的荆棘上，流着血泪放声歌唱——那凄美动人、婉转如霞的歌声使人间所有的声音刹那间黯然失色！一曲终了，荆棘鸟终于气竭命陨，以身殉歌——以一种惨烈的悲壮塑造了美丽的永恒，给人们留下一段悲怆的绝唱。而萧红，正像是一只心怀渴望的荆棘鸟。

流浪，是一种宿命，萧红一生艰难跋涉，为了寻找一种宁静的安稳不停流浪。她飞跃了凄风苦雨，飞跃了命运怆然，当生命归于永寂，她才发现，她曾经踏至的一处处，都只不过是辗转的落脚点。

就这样，萧红暂时住在了裴家，萧军经常来看望萧红，两个人经常一谈就是几个小时，每当萧军离开，萧红便把自己关在屋子里，一个人捧着一本书，很少去和别人打招呼。

这使得主人黄淑英非常不快，原本家务繁重，现在又多了一个大肚子萧红，这更加重了她的负担。偏偏萧红又是一副冷冰冰的态度，这让黄淑英更是气恼。

萧红终于身有所栖，然而心却依然在流浪。寄人篱下无论如何是不愉快的，何况屋子里总是漂移着主人怪异的目光。白天，萧红总是和她的三郎一起，在大街上浪游。两个人拖着长长的影子，相互依偎着漫步。萧红认为，他们就像两条被主人收留的野狗一样，只是吃饭和睡觉才回到主人家里。但这总要比被囚困要好得多，起码，她拥有了自由。

他们就这样，一直在外面跑了十多天，有一天，两人遇到了裴馨园，他们赶上前去打招呼，裴馨园却很迅速地走了。他们在街上率真的感情，引起了裴馨园夫妇的不满。

一天晚上，当房间里只剩下黄淑英和萧红的时候，黄淑英露出温和的表情，委婉地说道："你们不要在大街上走路，在家里可以随便，街上人多，很不好看呢！人家讲究着很不好呢。你们不知道吗？在这条街上我们认识许多朋友，谁都知道你们是住在我家的，假设你们不在我家，好看与不好看，我都是不管的。"

萧红没有说什么，心中却翻江倒海，苦涩难言。这样悲伤的情节，仿佛是电影里的剧情，然而却真实地发生在她的生命里。

老天看见了萧红悲苦的命运，哭成了泪人儿。外面的大水还在涨，连那美丽的道里公园也被淹没了。汪洋的公园里，只剩下一盏红色的灯，如同一个美艳的幽魂，在漆黑浩瀚的冷夜里独舞。

糟糕的情况出现了，萧红的产期近了，每走一步，都会带来身体上的剧痛，当她上楼梯时，连着心也会格外地疼。

裴馨园对他们的态度也明显改变了，不久，裴馨园全家就搬到另外一处房子去了，连被褥也全都拿走了。萧红只躺在土炕上，仅仅两天，萧红的肚子就疼了起来。

当萧红的肚子痛得厉害，在土炕上滚成一个泥人的时候，萧军为了借钱，正在冒雨奔跑。

苦难，让两颗心，紧紧地连在了一起。萧红说："这是两个雏鸽，两个被折了巢窠的雏鸽。"萧军跑遍了一条条街道，穿过了一片片雨帘，他还是没能借到钱。

最后从裴馨园那里借到一元钱，他赶紧雇了马车，夜间涉水将萧红送往医院。医生检查后，说是再过一个月才到预产期。

等到萧红临产时，住院费却是一点也没有。萧军不作任何打算了，他明白，现在的一切事情唯有依仗横蛮，用不着讲道理。于是，他不通过医生，直接把萧红送进医院的三等产妇室。

第二天，萧红生下一个女婴。从汪恩甲离去，一直到生下这个女婴，萧红历经了近四个月的折磨。能坚持到现在，很不容易。萧红轻轻地叹息一声，就昏睡了过去。

纷繁的往事在梦里回旋，像是一重重电影走着过场，而她只是一个看客，冷眼观望。疲乏的身心让她流失了热情，就连对萧军，她也有些木然。

萧军来时，坐在小凳子上说上几句无关紧要的话就走了。萧军一走，她又合拢起眼睛来。这样迷沉地过了三天，她夜里不能入睡，昏天暗地，如同在受一次灵魂的洗礼。

当她生下孩子，迎来一个新的生命，她也仿佛变了一个人。温暖在心中流失，留下的只剩冷冷的躯壳和悲怆的心。

产妇室内摆着五张大床，睡着三个产妇，五张小床在旁边空着。护士把婴孩推过来,两个产妇把头露出被子外面,脸上挂着新奇的、羞涩的、幸福的笑容,期待着她们亲手造成的小生命与自己第一次见面。当看护妇把小床推近萧红时,她竟生冷地拒绝,大声叫着:"不要!不……不要……我不要呀!"

所有的人都用诧异的眼神看着她。

她从未过问过孩子的事情,一个母亲,对自己的孩子如此,她的内心,到底经历了怎样的苦痛?萧红最后还是没要她的孩子,同意将自己的骨肉送人了。

萧红深知,她没有做母亲的权利,保证自己的生存已经是一个难题,再带上这样一个孩子,她不敢想象未来的生活。她也一定是不敢面对这个小生命,她害怕看上孩子一眼,也就没办法狠下心来。

幸福的人们哪里会了解一个不幸女人的痛楚?他们只会责难她,非议她,说些她缺少母性、不负责任等等通达平正的话。有谁能明白她在医院里是如何的矛盾、痛苦、悔恨、不忍与无奈,能明白她作为一个未完成的母亲所亲手掩盖了的,是怎样的一种深情……

同室的产妇,一个个地都把小孩带走了,到最后,产妇室里只剩下萧红一个人,这时,院长不再向她索要住院费了,只希望她早日出院。

但是,萧红的身体状况却是每况愈下,贫血、乏力、头痛、脱发,她的健康状况使她感到羞辱,过于强大的自尊心,鼓动得她情绪乱窜。

萧红的情绪极不稳定,不时产生死亡的幻觉。蓝天碧海,一个没有压力的沉静世界在向萧红招手,那是来自死亡的诱惑。遥遥天籁之音,对她的灵魂无数次地发出召唤。

有时候，她对萧军说，我拖累了你。那是她心灵深处对生命的无望。

她知道萧军要参加磐石游击队，便对萧军说，我死了你就可以同他们走了。有时候，她又非常害怕萧军离开她。这种复杂的心情让她无限纠结。

在她催促萧军离开的时候，有一次终于说了："医院的庶务也许又要向你要住院费了。"

"在我进门的时候，他们已经向我要过了。"

"你怎么说？"

"我说只要你好了，总会给他们钱。"

"哪里来的钱？"

"总会有办法……"萧军想了一下，说，"最多，请他们把我送进牢里去，坐上两个月，总可以抵补了。"

这样的话，使得萧红心中升腾起了温暖，这样一个男子的出现，是生命对她唯一的厚待。

捉襟见肘的日子

风雨潇潇的时代，苦难淋漓，是他，带给了萧红又一次新生。如果没有遇见萧军，萧红无法想象自己如今的境遇，或许早已经魂归天际了。她不愿意自己牵累了这样一个她深爱的男人，却又不想将他在自己脆弱的生命中割舍。

萧军走后，萧红一直独坐到天明，彻夜难眠，她想了很多，关于过往，关于未来，她看着深夜墨色渐渐退去，她看着天空渐渐泛白，黎明里，她暗暗许下了淡淡希望。

当太阳升起后，她的病情加重了。

萧军还没走进产妇室，就听见她的呼叫了。

她嘴角呆笑，无力地说着，她这回会死掉，泪珠随着话音幽幽滑落。泪是她对生命的留恋，它热滚滚地烫在了萧军的心上。

萧军安慰过后，立刻去找医生。医生们正在下围棋，全然不理会萧军的恳求。萧军被激怒了，他一摆手毁了棋局。

"原先我要出院的时候，你们不准走。现在我的病人到这种地步，你们又要我换医院！"萧军对着医生大声嚷道，"你听着，如果今天你医不好我的人，她要是从此死去……我会杀了你，杀了你的全家，杀了你们的院长，你们院长的全家，杀了你们这医院里所有的人……我现在等着你给我医治……"

萧军的眼中燃烧着红色的愤怒，没有人敢再吭声。医生被吓坏了，立即赶过来给萧红打针、服药。一番折腾，萧红好像也精神了许多。她用手抚摸着萧军的前额和头发，说："亲爱的，你胜利了……"

他们相拥在一起，有重生一般的喜悦。她的生命，终于又可以迎接新的黎明。

生命是一个弯弯曲曲的旅程，然而萧红的人生路上却似乎满是泥淖和荆棘。命运的诸多苦难，一次次刺痛她的身心，只为打造出一颗闪耀的红宝石，闪耀这段灰暗的历史，照亮后世人。

萧红出院后回到裴馨园家里，这引来主人的厌烦。有一天，黄淑英向萧军说了一些关于萧红的闲话，说她性子孤傲，不通人情，不知道感恩……而后的结果便是爆发了激烈的争吵。第二天，萧军即携同萧红离开了裴家。

不快的离别，是自由的开端，也是一种新生活的开始。这一次，萧红心中却是稳稳的。从此他们结伴流浪，即使饱受生活苦难，也不再孤独。

萧军雇了一辆马车，载着萧红和破烂的行李，拉到新城大街一家白俄人经营的欧罗巴旅馆。恰巧三楼有一个空房间，萧军顾不上多问，随即租了下来。屋子里的摆设极少。一张床，一张桌子，一围藤椅。他们物质困乏，却有一个饱满的精神粮仓。

屋子虽然显得有些空荡，但此刻萧红的心却是满满的。一个深情的男人，为她重拾了自尊，这让她的心中充满了力量。

有爱人如此，已是女子最大的幸福。

现实的问题，依旧摆在眼前，他们依旧无法摆脱生活的苦难。一个月六十元的房费对于两人来说，不是个小数目，萧军他们只有五元钱，来时雇马车已经用掉五角了。

茶房把两元票子拿到手之后，就说："六十元一个月，明天给！"他知道萧军拿不出更多的钱，便瞪大了眼睛，下最后通牒："你得明天搬走，你得明天走！"

萧军倔强地表明了自己的态度："不走！"

茶房也是丝毫不示弱："不走不行……"

萧军从床下取出剑来："你快给我滚开！不然，我宰了你！"

茶房慌忙跑了出去，但事情并没有如此了结。茶房去警察局报告，说萧军带有凶器。

晚上，几个全副武装的警察闯了进来。他们拿住萧军的两臂，说是旅馆报告他带了枪，于是前来搜查。当然很快就证实了行动失误，他们搜到的只是萧军平时练武用的一支剑而已。剑裹在长纸卷里，他以为纸卷里藏着枪。

一场惊慌，很快就过去了，闭了灯，锁上门，虽然从小窗口透过来的街灯的光亮显得有点凄淡，但他们亲吻着相拥入眠。他们在静寂的夜晚里品着爱情的甜。

那段日子，萧红萧军两人过得格外清苦，尤其是萧军，他清早出门，大雪天穿着通孔的鞋，甚至是隔夜的潮湿的衣裳，到处借钱，找工作，回来时，帽檐滴着水，半截裤管又凉又硬。

她看着他，心中浮起层层的酸。这让她感动，又让她自责。若不是自己，萧军此刻不会受这样的苦。她一面感动幸福着，一面又内疚自责着。她的心夹杂在一种复杂的情绪中。

清早过道里的好些房间已经挂好了列巴圈，送牛奶的人，也已将白色的、发热的瓶子，排在房门的外面。

饥饿的胃，使萧红的嗅觉更加敏锐。这些美味的诱惑对于萧红来说，都是一种无形的虐待。

屋里没有光线，桌子静卧在墙角，藤椅在地板上伴着桌子，没有一点声音。寂静是一个可怕的东西，它会涣散人的意志。在无限寂静的空间里，听到过道的声响，萧红就会忽然心跳加快，她不仅渴望着食物，更加渴盼爱人的归来，每一次脚步声响起，她就会暗暗地想，那该是三郎的脚步吧？

细腻的心思，深情的渴盼，那是深爱里才能品得到的味道。她心里害怕着，担心着，会设想出许多萧军在外面的情境。他冻得很难受吧？他没有带回面包吗？他今天可有找到工作？总之，满心里全都是关于他的猜想。他成了她所有的期望，他是她的全世界。就如同所有恋爱的中的女人一样。

萧军看到萧红的第一句话总是，你饿了吧！而萧红几乎是哭着说：不饿。

生活的困难让两个人的心紧紧地连在了一起，他们在寒酷的生活中相互取暖。相爱相守的灵魂，却并不能感动命运，改善生活。他们生活境况越来越糟糕，万般无奈之下萧红给高中时代的美术老师高仰山写了一封信，请求一些经济上的援助。

高仰山带着年少的女儿来访，两个人聊了一会儿。他还像从前一样的喜欢说笑话，他随便说，说了很多，然后把一张票子丢在桌上就走了。

高仰山走后，萧红还一直沉浸在此种情绪之中。她记得那时青春年少，她尽情地读书、画画，汲取知识，品味艺术……

那时的她，满腹理想和追求，灵魂如火如荼地炫舞……

然而，此刻深陷生活泥淖的萧红，再回忆起那些悠然岁月时，那些曾经的理想图景，碎落了，只留下满心冰凉与忧伤。

虽然年纪不大，但是，她却清晰地感觉到，青春已逝，再也回不去了。头脑中回旋的不再是梦想的图腾，而是一顿饱餐，一张暖床……

灵魂从梦想跌进现实，在千丈差距里尝尽苦难与挣扎。青春饿死在了现实中，萧红没有其他选择，再多的缅怀也是凄凉的，唯有向前跋涉，希望在路的前方。

萧军在报纸上刊登的求职广告，住在商市街25号的铁路局的一位姓王的科长看到了，他派人和他联络，同意他做家庭教师，教他的儿子国文和武术，条件是用住房来抵偿学费。这对当时的两人来说，是天大的喜事。

萧军回来了，他还带回了二十元。他把这个好消息带给了萧红，两个人开心地尖叫，像是两个开心的孩子。

微小的东西，往往带来巨大的满足，不是物质本身，而是当下心情。这二十元钱，带给了他们无限的喜悦，天大的幸福。他们今后会有更好的工作，更多的二十元。而那样大的幸福和满足感，却很难倍增，甚至，再也回不去当时。

黄昏时，萧军从当铺里取出从前当过的两件衣服，一件夹袍和一件小毛衣，吩咐萧红穿上他的夹袍，他穿毛衣，一同上馆子。人生苦短，及时行乐，对得起当时的自己，也对得起今后的回忆。

小饭馆在一条扰攘的破街上，馆子里也很扰攘，据萧军介绍说，洋车夫和一切工人全都在这里吃饭。萧红看见好几拨食客都挤在一张桌子上，多少有点不习惯，而萧军却很自然。

这天晚上，他们都喝了酒。结账时，单子写着：小菜每碟二分，五碟小菜，半角钱猪头肉，半角钱烧酒，丸子汤八分，外加八个大馒头。这对于萧红来说，已经是一场盛宴。佳肴摆在眼前，爱人陪伴左右，人生能得几回有？

酒酣菜尽，他们饱尝了美味的菜肴。那样充实的感觉，让他们幸福得想要流泪。大脑中充斥着满足，这是没有经历过真正苦寒饥饿的人根本无法体会的。

回来经过街口卖零食的小亭子，萧红买了两块纸包糖，她一块，萧军一块，一面上楼，一面吮着糖的滋味。走进房间，他们像两个大孩子似的，互相比着舌头。萧军的是红色的糖块，所以是红舌头，萧红是绿舌头……

那样无聊的事，那样浅的快乐，却着实是令人羡慕，也羡慕不来的。

拥有得越多，在乎的就越少，因此，世间诸多事物，只有在失去时才会弥足珍贵。

悲悯沉重的人生

互相搀扶取暖

　　萧军和萧红相互搀扶着，开始了他们艰难的命运之旅，在荒寒艰苦的岁月里，他们以爱为暖炉，相互取暖。

　　他们把家从旅馆搬到王科长家的耳房里，这是属于他们第二个落脚的地方，却是他们的第一个家。

　　1932年11月初，这对于萧红来说是一段不同的日子，也是很寒冷的一段日子，白雪纷纷扬扬地飘洒。萧红的命运似乎与寒冷有着不解之缘，总是给她的生命里印上深刻的印记，她就如同一片雪花，从生命开始后，就随着命运的风，从一处飞到了另一处，忽而打着旋儿，忽而又稳稳地落下。目前，她和萧军，暂且有了新住处。来时，炉中尚有木炭在燃烧，大约有人刚烤了火。等萧红用冷水擦完地板和窗台时，把水再放在铁炉板上就暖不了了，炉中连最后一颗火星也灭掉了。她觉得又冷又饿，腹痛又犯了，要上铁床去躺一下，想不到那铁条就像冰一样无法接近。

　　萧军出去还没回来。萧红没有表，连时间也不知道，只能凭借着昏暗的天色猜测着，无声无息地在寒冷里挨着，默默地等待着，默默地深爱着。

　　这样冰冷的一个处所，怎么能算得上是一个家呢？眼前的景象和她愿景里的家是全然不同的。萧红说："我好像落下井的鸭子一般寂寞并且隔绝。肚疼、寒冷和饥饿伴着我……什么家？简直是夜的广场，没有阳光，没有暖。"

落空的希望，让萧红心中更凉。萧军不忍让萧红失望，所以他用手中仅有的钱买回来水桶、菜刀、筷子、饭碗、水壶，还有白米和木桦，让萧红进入小主妇的角色。

有了这些用具，也就有了些许家的气氛，也让萧红心中安宁一些。萧红年少在家时生活还算优越，衣食不愁，所以，初做小主妇，她还是有些不适应的。

她第一次调弄晚餐，菜烧焦了，白米饭半生半熟就吃了。第二天早晨，火生了三次灭了三次。她懊恼，她愤怒，懊恼为何自己会沦落到这样的地步，曾经的理想和梦想化成了现实这般惨痛模样，她愤怒自己深陷苦难却是个连火都点不起的无用之人。然而，再多心绪也无济于事，她只能一次又一次地重新试着将火点燃。

这天，她的手指在铁炉门上烫焦了两条，并且把指甲烧焦了一个缺口。她承认，女孩子的娇气毕竟没有脱掉，困苦的生活却硬生生地扒下她娇气的骨肉，打磨着她的躯体，磨着她的灵魂。

她只有二十二岁，心中却仿佛经历了几世沧桑的苦楚，她面朝着窗子，心很酸，脚冻得很痛，又想哭泣了，然而，想了想，又收起了这一行泪。她知道，她已经不是骄子，再多的眼泪有什么用呢？洗净了双眸，也洗不去命运里的尘灰。

苦难再苦，也偶尔是可以见得了甜的。

萧军吃饭的时候表现得很开心，这也是对萧红最大的鼓励。只有那一刻，她的心才会被幸福装满。

清早起来的第一件事是点燃火炉，然后擦地板，铺床。炉铁板烧得很热时，她便站到火炉旁烧饭，把刀子、匙子弄得很响。饭锅腾着气,把葱花炸到油里,让它发出烹调的香气。在炉台上铺好一张纸,把土豆切成薄片……一幅惬意的生活图景。在经历过辛酸之后,尤显珍贵。

饭已熟,萧红便打开小窗望一望,家庭教师还没有下课,于是她便先到炉前吃两口,偶尔再打开锅盖吞下几口,一个十足调皮的主妇。

沉重而苦痛的往往不是生活,而是心。如若心中装满爱,就算是生活颇有不顺和清苦,都是幸福的。此时的萧红,是幸福的。

她差不多快要吃饱的时候,萧军才回来。习惯上,她知道萧军到院心要大声弄响嗓子,于是藏在门后等他,有时不等他寻到,就作着怪声跳出来,然后两人相视一笑,满心的喜悦。她似乎听到心中花儿开放的声音,这也是萧红久违的感觉。

她经历过无数次寒冷的啃噬,而越冷,她也就更加需要温暖,渴望温暖。对于现在的她,爱情,是最好的暖心火炉,让她生命的希望渐渐复苏。

那段日子里,萧红第一次体会到了生活的味道。虽然经济上的紧张和拮据还是会常常带来烦扰,但相对安稳的生活却使他们有一种宁静的幸福。这一段生活,是他们的新婚蜜月了。

虽然他们蜜月里最常有的感受是饥饿,但同样,饥饿也让她们的记忆更加深刻。

对于两个人的这段前尘往事,萧军晚年作了一种相当亮色的总结:

> 尽管那时候我们的生活是艰苦的,政治、社会……环境是恶劣的,但我们从来不悲观,不愁苦,不唉声叹气,

不怨天尤人，不垂头丧气……我们常常用玩笑的、蔑视的、自我讽刺的态度来对待所有遇到的困苦和艰难，以至可能发生或已发生的危害！这种乐观的习性是我们共有的。……正因为我们共有了这种性格，因此过得很快乐，很有"诗意"，很潇洒，很自然……甚至为某些人所羡慕！

在他们的生活中，确曾有过不少快乐的、诗意图景，而这些，萧红也作过类似的描述：

"我们不是新婚吗？"他这话说得很响，他唇下的开水杯起一个小圆波浪。他放下杯子，在黑面包上涂一点白盐送下喉去。大概是面包已不在喉中，他又说："这不正是度蜜月吗！"

"对的，对的。"我笑了。

他连忙又取一片黑面包，涂上一点白盐，学着电影上那样度蜜月，把涂盐的"列巴"先送上我的嘴，我咬了一下，而后他才去吃。一定盐太多了，舌尖感到不愉快，他连忙去喝水："不行不行，再这样度蜜月，把人撑死了。"

盐毕竟不是奶油，带给人的感觉一点也不甜，一点也不香。我坐在旁边笑。

安稳的生活让萧红的身体也逐渐恢复，萧红开始尽自己的努力为他们的小家做贡献。可是几番奔走，却没有太多效果。

就这样,他们在饥寒交迫之中一天天地愁着柴米油盐,品味辛酸和寒冷,在苦难里享受爱情的甘甜。

萧红不喜欢下雪,因为寒冷会啃噬她的身体,给她的身心带来一阵阵刺痛,此时非同往日,她再也没有任何赏雪的情致了。每当大雪来临,她总是非常恐惧,伴随而来的,是一连串关于寒冷的噩梦:一大群小猪沉下雪坑……麻雀冻死在电线上……

循环着,一圈一圈,一个难以终结的,关于寒冷的梦魇。

极尽辛酸

生命是一条复杂多味的绚烂之旅,总会有一段路程,格外苦痛,极尽辛酸。然而在后来的某日,你会笑着回忆。

为了维持两人的生计,萧军每天都在外面奔走,几经朋友介绍,萧军又找到了一份家庭教师的工作,每夜到5里路外的一条偏僻的街上教两个初中生国文。有了这份工作,他们每个月可以有15元钱的固定收入。

萧军每天都在为生活四处奔走着,萧红一个人待在家里,时常感到的孤独和寂寞。她没有什么可做的,觉得自己就像是个废人。

没有光线的房子里,常常会飞出悲伤的念头。

萧红想:这就是"家",没有阳光,没有暖,没有声,没有色,寂寞的家,穷的家,不生茅草荒凉的广场。

寂寞是嗜骨的毒,啃噬人心,啃噬意念。一些凄冷的想法在灰暗的空间里飞舞,让她心中格外的寂寞和焦虑。

萧红每天站在小过道里等萧军,保持翘盼凝望的姿势,一等就是好久。等待，是她最无奈的深情。她只能以这种方式爱着萧军，而萧军却为她尝尽苦难，这让萧红格外心痛。

房东的女儿在外面衣着光华地回来，看见萧红就笑着说："啊！又在等你的三郎……他出去，你天天等，真是好怪的一对。"

房东的另一个女儿看见了则说："没去看电影吗？这个片子不错的，胡蝶主演。"

看着房东女儿的胭脂红唇，她觉得自己的袍子灰得好冷。

她好不容易把萧军盼回来了，萧军从口袋里掏出一块烧饼给萧红便又走了，赶着去做下一份儿工作。

萧红觉得萧军就像是一只鸟，一会儿飞回来，一会儿又飞走了，留下的只是一层层的失望和寂寞啃咬着萧红。

她吃着烧饼，填着辘辘饥肠，想着房东女儿耳上晃荡的奢华吊环和萧军唇上的薄霜，心中酸涩不已。这是她对于贫富差距生出的最强烈的感受。虽然她们有时处在同样的空间里对话，却是像遥遥隔了好远的两个世界。一个光艳，一个灰冷，多么讽刺的世界。

爱人辛苦奔走，而自己却不能为这个家贡献力量反而徒增累赘，萧红的心里自然是很难过。

无能为力的辛酸，远比饥饿和苦难要难以承受得多。为了给萧军减少负担，萧红一心地想要找一份工作。萧红听说画家朋友金剑啸到一家电影院去画广告，月薪四十元，于是，开始留心起招聘广告来。她认为，自己也是可以任职这样一份工作的。

《国际协报》又登出了电影院招聘广告员的广告，月薪明明白白是四十元。萧红很受鼓舞，决定试试看。萧军认定广告是骗人的，劝阻不成，勉强和她一起前去接洽了。

他们寻找得疲乏了，才找到代理的"商行"，回答说是星期天不办公，第二天冒雪再去时，又说已经不替电影院接洽了。萧军开始埋怨萧红，两个人吵了起来。第三天，萧红再不提职业的事了。萧军去过电影院两次，因为碰壁，不禁对着萧红破口怒骂，说画广告的工作是"无耻"和"肉麻"，还骂了自己，说是"浑蛋""不知耻的东西""自私的爬虫"。

直到晚上睡觉的时候，萧军还在剖析着："你说，我们不是自私的爬虫是什么？只怕自己饿死，去画广告。画得好一点，不怕肉麻多招来一些看情史的，使人们羡慕富丽，使人们一步一步地爬上去……就是这样，只怕自己饿死，毒害多少人不管，人是自私的东西……若有人每月给两百元，不是什么都干了吗？我们就是不能推动历史，也不能站在相反的方面努力败坏历史！"

过了许多天，金剑啸找到家里来，跟萧红说好一起去画广告，每月四十元的薪水，两人各分一半。萧红跟着出去，在广告牌前站到夜晚十点钟才回到家里。萧军找过她两次没有找到，正在生她的气。这一夜，两个人一直吵到半夜。萧军买酒回来喝，萧红抢过来喝了一半，哭了。结果两个人都哭了。

萧军喝醉以后，像一个孩子般，委屈地在地板上嚷着说："一看到职业，什么也不管就跑了，有职业，爱人也不要了！"

第二天酒醒过来，正好是星期天。他们一同去画了一天的广告。萧红是金剑啸的副手，萧军做萧红的副手。

第三天便不用去了。电影院另请了别人。

萧红当广告员的梦想破灭了。

而恋人之间，摩擦既已出现，就可以预期，雷鸣电闪、风雨交加的日子不会太远，因为乌云不但不曾消散，反而愈积愈厚了。

无忧的甜蜜时光，渐渐流逝。

在不到两年的同居生活里，至少有三个女人同萧军有过一些微妙的情感关系。从散文集《商市街》里可以看出，她们是：敏子、汪林、程女士。萧红对程女士特别敏感，在诗里立了专章，写作"一个南方的姑娘"。

程女士原名陈丽娟，笔名陈涓，宁波人，据说是因为寻找家人从上海来到哈尔滨的。她在朋友家里认识萧军以后没几天，便来商市街拜访，名目上却说是来访萧红。

在萧红的眼中，她是漂亮的，脸上不涂粉，头发没有卷起来，只是扎了一条红绸带，却有一种很别致的静美。对于这位"美人似的人"，乍见之下，萧红似乎并没有特别的反感。但是，她的美却让萧红心底生出酸涩。

程女士常到商市街来，或者来借冰鞋，或者同萧军和萧红一起到冰场上去。大家渐渐地熟起来，这时，她给萧军写信了，这刺激了萧红敏感的神经。其他任何事情萧红都愿意忍让迁就，唯有这份爱，她不能忍受任何人涉足。

过了些日子，程女士要在他们家里吃面条，萧红走进厨房去以后，听到她同萧军欢快地聊了起来，时不时地开怀一笑，两个人很融洽和谐，这让萧红觉得自己仿佛就是一个局外人，心中充满苦涩和委屈。

后来，程女士也就来得少了。程女士去了萧红家，房东的女儿告诉她："你不要和他再亲近吧，有人妒忌你呢！"她也感觉到了萧红不大友好的态度，于是主动疏远了。

动身回南方之前，程女士曾到商市街向他们告别，萧军慌忙中塞给她一封信，她回去拆开来看，除了一页信笺外，还有一朵干枯的玫瑰花。

为了消除误会,她带了她的男友去看萧红,结果仍然得不到谅解。

在她家里,一群朋友前去为她饯行,萧军也去了。她说萧军随同她去买酒,在街道上默默没有说话,回来走到她的家门前,萧军突然在她的脸上吻了一下,然后飞一样地溜走了。

那段轻描淡写的暧昧,仍让萧红难以承受。

不得不说,酸涩,是每一段爱情里都有的味道。

开始写作

"九·一八"事变后,不到半年时间,日本迅速占领了东三省。

1932年3月1日,"满洲国"成立,立前清废帝溥仪为皇帝。东北陷入了殖民主义的黑暗与恐怖之中。

一片风雨潇潇,新生力量在黑暗之下涌动,他们随时准备着,破除黑暗。

跟着萧军,萧红认识了一群朋友,有中共地下党员、思想激进的青年,也有国民党员、民族主义者和自由主义者。他们经常到画家冯咏秋的住宅聚会。因为窗前满种着牵牛花,夏天爬遍了门窗,大家管这屋子叫"牵牛房"。

在这里,萧红点燃了社会热情,唤起了被压抑已久的创造的欲望。她燃烧的心在蠢蠢欲动。她渴望被了解,也同样深情地渴望一个新的世界。

萧红把这段时间，亲切地称作"几个欢乐的日子"。快乐，之于萧红来说，是一种久违的心情。曾经深陷苦难之中的她，是不敢奢望如今的情境的。

罗烽、金剑啸等人组织了一次"维纳斯助赈画展"，用义卖的钱款救助灾民。参加展出的有当地知名画家，也有萧红。萧红画了两幅小小的粉笔画：一幅是两根萝卜，另一幅是萧军的一双破鞋和两个杠子头，体现了一种平民主义的艺术品格。

画展十分成功。《哈尔滨五日画刊》为画展出了专号，萧军、方未艾写了画评，许多文化人也写了文章。大概从中受了鼓舞，萧红还提议组织一个画会，但在重重阻碍下，这个提议最终流产了。

他们一群人又组织了一个剧团，叫"星星剧团"。罗烽负责事务性工作，金剑啸担任导演和舞美设计，主要演员有舒群、萧军、萧红、白朗、刘毓海、徐志等人。萧军扮演的是辛克莱的《小偷》中小偷，萧红在女作家白薇的独幕剧《娘姨》中扮演害病的老妇人。每天，他们都很认真地读着剧本，直至夜深。一群志同道合的人，凑在一起为了做好一件事情去努力，这是一种难得的幸福和快乐。艰辛和疲累固然会有，而从中收获的快乐也是无穷的。

三个剧排了三个月，也去影戏院试演过，但因为条件不合，没有公演。这时，日本人在道外逮捕了很多工人，剧团中的徐志也突然失踪，于是，剧团就此解散了。没有当初期望的成功演出，每个人心中都带着些许遗憾，但是在一起奋斗的过程中，他们都结下了很深的情谊。

之后萧红只要有空仍然往这里跑，这里对她是有吸引力的。这是一个青春共和国，疯狂的幻想、友爱、冒险精神是永远不会枯竭的。

每一个人总会有无奈和寂寥的时候，那种生命的无力感会使人丧失对美好事物的追逐。

每一个人都渴望大逃离，跳出自己的世界，挣脱心灵的桎梏。很长一段时间里，萧红都沉浸在这样一种情绪和烦恼之中，而后，她终于走出来了。

这样的一次画展活动使得萧红终于走出了她那一片狭小的天空。她结识了许多朋友，她的心中有了一片更广阔的天空。北国之春，原本寒风簌簌，格外寂寞清冷，幸得一群好友，凑在一起，使得空气都热闹了起来。

由此，萧红走上了左翼文学的道路，开始了她人生跋涉的新旅程。

下一步，都是未知路，即便会迷失在人海，也要勇敢地走下去。

此时的萧红，勇敢地向前走着，经历着层层蜕变。每一次苦痛过后，她的生命都会绽放新的华彩。

萧红一直渴望着在家庭之外寻找一份职业，不久金剑啸创办了天马广告社，这为萧红创造了一个很好的机会。萧红就担任起了他的助手。她刻钢板、画插图、抄写，出版油印小报《东北民众报》，宣扬反满抗日。整套刻写的工具，就藏在她家的柴堆里。

自从离开裴馨园家以后，萧军不再同《国际协报》有所联系。裴馨园因发表批评市当局的杂文而被革职，方未艾接替他编辑副刊的位置，萧军应邀再度为《国际协报》撰稿。

1932年底，报纸要出版一期"新年征文"的特刊，萧红在萧军和其他朋友的鼓励下，终于拿起笔，写下短篇小说《王阿嫂的死》。

王阿嫂的死，却是他们的生。

一段文学路上的征程自此开启。

小说的发表给了萧红很大的鼓舞,她仿佛是被触动了灵感的弦,从此一发不可收拾,她将前后写下的《弃儿》《看风筝》《腿上的绷带》等作品,投寄到长春的《大同报》副刊《大同俱乐部》和《哈尔滨公报》副刊《公田》上,用"悄吟"的笔名发表。

1933年8月,罗烽和金剑啸通过萧军的旧日同学陈华的关系,在《大同报》上创办了一个文艺副刊《夜哨》。据说是萧红取的刊名,画刊头的是金剑啸,约稿的是萧军,由陈华负责编辑。

《夜哨》每期都有萧红的文字,《两只青蛙》《哑老人》《夜风》《清晨的马路上》《渺茫中》《烦扰的一日》,以及诗作《八月天》,都是在此发表的。当时的萧红很快乐,她的文字一次次得以发表,她对文字的热情更浓,写作为她注入了新的生命。

但是好景不长,《夜哨》的文字过于激进,在严格的审查制度之下,当然不可能维持长久,到年终就被迫停刊了。

接着,罗烽他们让白朗在《国际协报》创办了又一个文艺副刊,刊名就叫《文艺》。白朗以特约记者的名义,每月支付萧军和萧红每人二十块大洋的薪酬,这样,萧红作为副刊的主要撰稿人之一,不但可以继续从事创作,写作环境也相对安定许多了。

在《文艺》周刊上,萧红发表的作品有《夏夜》《患难中》《离去》《出嫁》《蹲在洋车上》《幻觉》《镀金的学说》《进城》,还有长篇小说《麦场》,也即后来的《生死场》的头两章:《麦场》和《菜圃》。

萧红创作起初受到了左翼文学的影响,和萧军保持大体一致的步调,把底层生活作为自己热爱的题材加以反复表现,这在新文学出现以来的十年里,在女作家当中是少有的。

她是一朵在浮世流转的梦中花，却又是一个叛逆的流浪者，她不断反抗却又始终挣不脱卑微地位的身份，难免给作品打下深刻而鲜明的烙印。

许多被称作"乡土作家"者，因为出身高贵或有文人教授的头衔，往往能够制造"距离的美感"，如《边城》，就有才子加观光客的味道，萧红则不同，她把自己直接烧在那里面。

萧红是中国作家中的一个异数。

她饱受饥寒交迫的痛苦。她从肉体到精神都遭受了刑罚般的凌辱，她曾被社会隔绝，身边几乎没有一个属于自己的亲人和朋友，而陷于孤立。

萧红，她就是她自己，即使写作，她也不关心文坛，对理论界权威关于"时代要求"一类的说辞也不加理会，她一意孤行，却足以惊天动地。不管你是否愿意认可，她就这样自顾自地活着，写着，写那些能触动她的一切事物，那些细碎的心思，那些浮动的情绪，以及那些流淌在心底的感动……

在牵牛房的那段岁月里，有一个最可纪念的事件，就是《跋涉》的出版。这是她写作路上的一个里程碑。

这是萧军和萧红作品的合集，也是他们第一次选编出版的文集。文集原名《青杏》，青杏，是未成熟的果子，也算是一种隐喻。

《跋涉》是自费出版的。出版费由朋友们认股集资，每人出五元，也有多出的，有慷慨赠与的，舒群一个人出了三十元。他的这笔钱，本是艰难积攒下来留给家用的，知道朋友要出书，就从父亲手中取出来送给萧军了。对于舒群的慷慨，他们一直很感激。

《跋涉》的问世，凝聚了诸多意义。它是爱的产物，是友谊的见证,它记录着一个青春群体的跋涉过程。那是一条漫长的路,一首悲壮的歌。

稿子是由萧红在洋烛摇曳的火光下,最后抄写完成的,她永远也不会忘记她生命中那样一个隆重的时刻。

蚊虫在灯下飞舞,像是前来参加一场庆典仪式。萧红手腕发酸,眼睛紧胀、发热、疼痛,但全身处在兴奋之中,因此全然顾不到这些,只知道赶快做。

第二天,萧红便跟着萧军跑到印刷厂去看她的小册子。《跋涉》正要装订成册的时候,赶上中秋节,工人放假三天。他们不愿耽搁,到厂里请教了排字师傅,亲自动手装订。空荡荡的大房间里只有两个人,锤铁丝钉,数页码,抹糨糊……他们度过了最忙碌、最快乐的一整天,总共装订起了一百册。萧军雇佣了一部斗车,把小册子拉回家。

夕阳映红了整个天空,一路上响起了规律的马蹄声、悦耳的铃铛声,空气中漂浮着宁静和惬意,萧红坐在车上,静静地凝望远方……

那一刻,她的心中是宁静而喜悦的。

安稳的生活,深爱的男人,自己的事业……

这是她未曾想到的生活,这一刻,她忽得有种想要流泪的冲动。

这是她第一次收获这般喜悦,她从未敢想象会有这样的一天,有理想,有爱人紧紧相伴。

但过了几天,送到书店去的书,突然被禁止发售了!

所有的热情被一盆冷水浇灭。萧红的心中,装满了不安的情绪。

逃离哈尔滨

又是一个严寒的冬季。哈尔滨的天空格外阴沉。沉闷闷地,压在了人的心头。

萧红一直觉得,她先是家庭的奴隶,而今是国家的奴隶,而且是异国的奴隶。那让她的灵魂有种要窒息的感觉。

随着《跋涉》的出版,一种谣言传了出来:没收啦!日本宪兵队捕人啦!

这样的谣言,使萧红起了不祥的联想。她担心一切糟糕情况随时会发生。她首先想到收拾箱子,好像里面真的藏着什么危险的东西。萧军也感到有点紧张,他把箱子从床底拉出来,在地板上立起洋烛,帮着收拾。他们都非常担心书页里边夹着骂"满洲国"的,或是骂什么的字迹,于是又将每册书来回都翻了一遍。一切收拾完毕,箱子已是空空荡荡的了。他们把纸片扔到大火炉里烧,一张高尔基的照片,也给烧掉,直弄得人的脸孔也给烤痛了。红色的火苗像一个魔鬼,一口一口吞咽掉照片,她看着狰狞的火光出神,火光寂灭的那一刻,她不由得一凛。

外面的风声愈来愈紧,人心惶惶。

剧团的人前来报信。四个人走在大街上,说起徐志被捕的事,又说老柏三天不敢回家,有密探等在他家门口,他在准备逃跑……萧红害怕极了,用肩头碰撞男友的肩头,提醒他在街上不要乱说话。像是在演一场谍战话剧,却是的的确确真实的情节,容不得半点马虎。

心中不安,神色和语言也就显得局促极了。四个人得分成两队。只要有人跟在后面，萧红还不等别人注意她，就先注意到别人了。好像街上人人都知道他们的事，连街灯也变了颜色似的。

所有恶的传闻和坏的事实，好像都是在这时来到：日本宪兵队前夜捉去了谁；昨夜捉去了谁，昨天被捉去的人与剧团有关系；剧团里的人有两个被捕了……

他们每次出门回来，都要先看看门扇、窗子，有没有出现异样的情况，或者走进附近的铺子，假装买东西，看看是不是有人盯梢。就在这时，他们的房东接到一封黑信，说萧军要绑他儿子的票。弄得那做学生的竟连老师的窗下也不敢经过了。

从当时的情境来看，是非走不可，可是逃到什么地方去呢？

就在萧军筹划着如何走的时候，罗烽和白朗据说是接到组织的指示，动员他们早日离开哈尔滨。朋友们都很赞成，金剑啸来到他们家里，还说要和他们一起走，甚至连时间地点都确定了。可直到1934年初春，舒群去了青岛，他们才最后决定好应邀到他那里去。

逃离满洲国，结束政治恐怖的追逐，应当是一件兴奋的事，可是这也就意味着刚刚安稳的生活结束了。这样想着，萧红不免感到忧伤，她觉得自己像是一片叶子，总是在飘飞，命运的风时急时歇，然而却半点不由她的心意。

"流浪去吧！哈尔滨也不是家，就流浪去吧！"萧军安慰她说。

原本是安慰的话，却扯出了萧红一串珍珠似的泪花。

"伤感什么，走吧！有我在身边，走到哪里你也不要怕。伤感什么，老悄，不要伤感。"

走吧！萧红别无选择，她深深地望着萧军，心中交织起复杂的情绪。幸好有他在，不然她的心，又要冷下来了。

生命原本是一种放逐，无论你是逐那风花雪月，还是逐那繁花似锦，都是要前行的。它不是一个点，而是一条弯弯曲曲的痕迹……

萧红开始拍卖家具。说是家具多少有点可笑，无非水壶、面板、水桶、蓝瓷锅、三只饭碗、酱油瓶子、豆油瓶子之类；当然还有旧棉被、旧鞋和袜子，都是不值钱的东西，却组成了萧红最珍贵的家。

旧货商人已经等在门外了。

讨价还价。再讨价还价。她不忍卖掉与她日夕相伴的小锅，虽说都是死物，却是装了满满的感情和回忆的。萧红曾这般回忆道：

> 小锅第二天早晨又用它烧了一次饭吃，这是最后的一次。我伤心，明天它就要离开我们到别人家去了！永远不会再遇见，我们的小锅，没有钱买米的时候，我们用它盛着开水来喝；有米太少的时候，就用它煮稀饭给我们吃。现在它要去了！
>
> 共患难的小锅呀！与我们别开，伤心不伤心？……
>
> 留恋没有用。都卖掉了，卖空了！空了……

朋友们陆续地请吃饭、逛公园，为他们送行。无论做什么，无论走到哪里，萧红都没有兴致。回到家里，关灯躺在床上，摸摸墙壁，摸摸床边，思量着别离的时刻，一直辗转着不能安睡。

最后一个夜晚，萧红彻底失眠了。记忆泉涌一般拥入脑海，所有好的坏的，痛苦的快乐的，都将在这里画上一个句号，只要满洲国存在一天，他们就永远不可能再踏上这片土地了。

太阳还没出来，铁大门就响了起来。萧红慌忙起坐，萧军跳下床去，两个人忙着从床上往下拉被子、褥子，枕头掉在脚上。这时，有人打着门，院子里的狗乱咬着，窗外，马颈的铃铛也乱乱地响。

晨光灌满了屋子，屋子里空空荡荡，就像是人的心，掏空了，空得荒凉沉寂。

喧闹的街，匆匆的行人，熟悉的叫卖声，幽静的巷口……

萧红不舍地看着眼前流连的景，将它们封存在记忆里。这样一座小城，将在她的记忆里继续生息，慢慢褪色，变成老旧的历史。

散落天涯,一颗无畏的心

经大连辗转青岛

旅途,给人的感觉总是疲劳且略带感伤的,因为舍不得过去,因为看不见未来。很多人,迷失在生命的旅途中。而萧红,迷惘在前往大连的火车上。

一声汽笛,是一声哀叹,叹着一个时代的感伤。

1934年6月12日,萧军和萧红坐火车离开哈尔滨,次日到达大连。他们在朋友家里住了两天,然后搭坐日本轮船"大连丸"号,在青岛登岸。

蓝天、碧水、湿热的风,她放眼望去,是满眼的迷茫,她不知道,前面还要有多少程山水要走。

第二天是端午节,萧红的生日。这一天是同好友舒群一起度过的。

愉快的是气氛,事实上,一个像萧红这样敏感、柔弱,而且持续为生活所折磨着的人是不可能变得快乐起来的。身在异乡,更是徒增不少伤感。细想起来,就算是在哈尔滨又能怎样呢?身在异乡为异客,她的内心总是充盈着一种浓浓的漂泊感。也许,她原本就是这个尘世的异客,也许正因此,她的生命里才写尽了流离。

这一天,她二十三岁了,二十三年的岁月轮回,她又站在了出生的那个时间点。往事如风,浑然间吹动起一池人生梦境。

原本是意气风发的年纪，正是青春娇艳的时候，然而，她却过早地经历了人世的沧桑风雨。在苦难里凝成了超出她年纪的郁郁的气息。

都说女人如花，原本该是娇艳美好地舞动在尘世的春风里，而萧红，却飘在尘世苦海，回头和前望，都看不到岸。

在观象山脚下，舒群为萧军、萧红他们租了一栋房子。

这是一栋用石头垒筑的二层小楼。站在窗前，或者倚在院子外面的石栏上，都可以看到海。宽广的视野，会让人的身心都很舒展。

房子对面是苍翠的山冈，上面有一个旗杆，信号旗以不断变换着的色彩和图案，引导着港口进出的航船。从早晨到黄昏，石匠们采石的叮叮嗒嗒的响声是不间断的，但从树木间传出来，反而愈显得周围的幽静。

这样的环境，显然很适合写作。漂泊的人生中，萧红也只有在写作中才能寻得一片安稳。只有她自己懂得，那是她自我救赎的路。

经舒群介绍，萧军担任《青岛晨报》副刊主编，萧红主编《新女性周刊》，算是有了一份正当的工作。编辑之余，萧军继续写作长篇小说《八月的乡村》，萧红则接着写她的《生死场》，力图打造一部卓越的心灵之作。

她的心，被写作占满。她深陷在一片回忆中，她又看见了故乡的麦场，回到那许多熟悉的人们和牲畜中间。他们的命运使她感叹，她默默地抚慰他们，替他们抗议，制造了情节教他们反抗黑暗、奴役、灾变和死亡。

苦难让她变得坚强，让她心中生出一种悲悯苍生的力量。

萧红觉得，自己一直陷溺在个人的愁苦里，太自私了。还有一些更悲苦的人们等待她为他们呼救，为他们抗争。

在关于底层的记忆和想象中，她一遍遍地让自己受难，一遍遍地清洗自己的灵魂。

一部作品的形成，也正是一次灵魂的飞升。

在这里，萧红有一些非常特别的邻居。

在他们左侧的小房子里，住着一位老太婆；楼上住的是一个二十六七岁的女人和一个粗野的姑娘，萧红叫那女人白太太；背后是卖肉包子的姓朱的小贩。因为白太太信奉上帝，早晚都做祷告，便常常有些长着泥塑般面孔，穿着宽大的黑衣黑裙的女修道士在她周围来来往往。

目送她们没有声息的背影，萧红对萧军叹息着说："这真是罪恶！为什么一个人会被他们弄得这样愚蠢呵！那还有人的灵魂吗？只是一块肉！一块能行动的，但已经不是新鲜的肉了！"

萧红为她们叹息着，也怜悯着，她可以自己忍受苦难，但是不忍心看着她人受苦。她渴望解救许多人，包括自己，然而，她的力量是有限的，只能赋予一声满满的叹息。

萧军夜里从报馆回来，远远地就听到白太太在唱京戏，还有伴奏的胡琴声，咿咿呀呀的，像是幽魂的演奏。当他静下来要做点什么的时候，祷告声又起来了，接着是哭声，悲伤的惨叫。临到清晨，人还没有清醒，老太婆又做祷告了，重复轮回。

萧军不似萧红那样心思细腻柔软，他受够了这些奇奇怪怪的邻居，最后他忍耐不住了，主张搬家。

萧军的主张，萧红是完全不同意。一处又一处，仿佛是土里的植物，被换了无数片土地，每一次离开，都是生命的剧痛，她受够了流离的苦。并且在萧红看来，她们都是善良的人。在那些声音中，她听到了她们心底的悲伤。

萧军却觉得，"她穿得很漂亮，每天吃饱了就唱戏，又有丫环支使着，有什么可怜呢？只是缺一个男人，那随便找一个好了，也用不着每夜哭着祷告上帝……"

"无论什么样的人……总是有痛苦的，只要有灵魂。"萧红轻轻地叹息道。

一双灵慧的眼睛，总是能轻而易举地看懂人心，看透灵魂。

祷告声、哭声、戏声、胡琴声……一天又一天地重复着，渐渐地他们习惯了，成了生活的曲调，成了命运的伴奏曲。

过了好些日子，有一天萧军从外面回来，萧红急着告诉他，房东要把凉亭拆掉建造房子，把姓朱的一家驱逐出去。她恳求萧军，是不是可以让他们搬到自家的厨房里去。

开始萧军不依。萧红沉默了一阵，又说："人真是没有怜悯和慈悲的动物……谁都是一样的。"她说着，嘴唇开始抖动，眼睛也润湿了。

敏感的心，总是容易被刺痛。

看萧红如此激动，最后萧军也就依从了萧红的意思。

又过了一段日子，萧军萧红搬到楼上去了，姓朱的一家和老太婆也都先后搬走了。

张梅林差不多是在这段时间里，同萧军一道来到《青岛晨报》工作的。由于思想较为一致，而且都对文学事业抱有野心，拼着命写作，因此，他们很快成了朋友。

这个广东青年没有家，住在报馆，平时到萧军萧红这边来搭伙吃饭。他们一道去市场买菜，由萧红烧俄国式的大菜汤，用有柄的平底小锅烙油饼。舒群也是常客,后来连他的妻子也搬了过来,干脆做了邻居。

在朋友们的眼中,萧军和萧红这一对儿很有意思。萧军戴着一顶毡帽,前边下垂,后边翘起,短裤,草鞋,加束了一条皮腰带,样子很像洋车夫。上身穿一件淡黄色哥萨克绣边衬衫,却别有一种潇洒。

而萧红把一块天蓝色绸子撕成粗糙的带子束在头发上,布旗袍,西式裤,后跟磨掉一半的破皮鞋,粗野得可以。到了秋天,她把那条男人裤子换给了萧军,穿上黑色裙子,又分明多出几分妩媚。

这时,两人的物质生活仍然不能说是充足的,然而都不以为意,就像两只快乐的小鸟,在风雨天里也不忘追逐飞翔。

在这个海滨城市里,梅林和他们常常结伴出游,太葱郁的大学山、栈桥、公园、水族馆,有时还到汇泉海水浴场去游泳。回归到自然中,人总是会快乐许多,其中真意,也许正像陶渊明所说"欲辨已忘言"了。

和朋友在一起的日子,萧红是愉快的。这时,她那童年活跃的天性,便趁机释放出来了。

笑声多了,忧郁也淡了。

坚定的写作

梅林第一次看到萧红的作品,是发表在萧军编的副刊上的小说《进城》。他的印象是:清丽纤细,然而下笔大胆,如同一首抑郁的牧歌，在苍茫的大地之上，放声高歌。

后来读到《跋涉》中属于萧红的部分，那笔触也一样的清丽纤细大胆。

对于萧红的创作，萧军并不关心她在其中表现出来的艺术特质，没有给她足够的鼓励，不但看不到她产生大作品的潜力，甚至因为女性的内倾与纤细而轻视她的作品。在这个时候，萧红多么需要别人对她的肯定和支持。可是，没有第二个人，除了梅林。在梅林的话里，那种朋友的恳切，使萧红的心更充满热情。

高山流水知音情，不管是一首曲子，还是一段文字，无人欣赏和懂得，总是悲凉的。

真正的作家生活在作品里，真正的作品凝结在生活中。

萧红夜以继日地写作，自从进入《生死场》里去以后，再也出不来。那是一部无尽地展开的恢弘的画卷，只是，这画卷里，苦难太深。

她手握一只纤细的钢笔，开始了孜孜不倦地写作，仿佛是灵魂穿上了红舞鞋，从开始的那一刻，便再也停不下来。

所有曾经的苦难，都成为了灵魂的踏板，所有今后的生命，都将献给生命最美的炫舞。

繁琐的生活，病痛的折磨，都被远远地抛在身后。

萧红的身体一直都很弱，而萧军总是将自己同萧红做比较，他说："悄吟一天到晚老生病，我可是不同，我差一天就炮兵学堂毕业了。"

受得了众人的千刀万剐，却承受不了爱人的拂尘一指。

多病，本来是萧红引以自伤的事，听到萧军的话，敏感的萧红心中也万千感慨。它不光折磨着她的身体，还蚕食着她的自尊。

坚强，是脆弱里开出的花，在她脆弱的体质里，隐藏着一种意志的力量。柔韧，绵长，充满着神奇的力量。

萧红拖着疲乏病痛的身体，一面干活一面编稿，她始终都在坚持着《生死场》的写作。从哈尔滨到青岛，她在颠沛流离中，大约用了半年时间，完成了这样一部大作品。她犹如一只炫美的黑蝴蝶，尽情地倾吐灵魂的墨汁。

一次，萧军同荒岛书店的老板孙乐文闲谈，听到孙乐文说在上海内山书店见到过鲁迅，还述说了当时的情景，于是起了给鲁迅写信的动机。他问孙乐文，把信寄到内山书店，鲁迅是否可能收到？孙乐文鼓励他寄出去，并且建议把通讯地址落在他的荒岛书店，免得惹出麻烦。他果然尝试着做了，但是，对于可否收到回复，是一点把握也没有的。

意外的是，萧军很快收到了鲁迅的回信。

刘军先生：

给我的信是收到的。徐玉诺的名字我很熟，但好像没有见过人，因为他是做诗的，我却不留心诗，所以未必会见面。现在久不见他的作品，不知到哪里去了。

来信的两个问题的答复：

一、不必问现在要什么，只要问自己能做什么。现在需要的是斗争的文学，如果作者是斗争者，那么无论他写什么，写出来的东西一定是斗争的。就是写咖啡馆跳舞场吧，少爷们和革命者的作品，也绝不会一样。

二、我可以看一看的，但恐怕没有工夫和本领来批评。稿子可以寄"上海，北京四川路底，内山书店转，周豫才收"。最好是挂号,以免遗失。

我的那一本《野草》,技术并不算坏,但心情太颓唐了,因为那是我碰了许多钉子之后写出来的。我希望你脱离这种颓唐心情的影响。

专此布复,即颂

时绥

迅上

十月九夜

收到鲁迅的复信,萧军和萧红十分兴奋,这对于他们来说,是一个意外的惊喜。

孙乐文也替他们感到高兴。他们商量过后,随即把《生死场》的原稿和《跋涉》一起,并附了一张两人合影的照片,挂号寄给了鲁迅。他们都期待着同鲁迅先生的进一步交流。

这时,《青岛晨报》出事了。噩耗重重袭来。中秋明月夜,舒群夫妇被捕,同时被捕的,还有舒群的妻兄和妻弟。局势格外紧张,风声鹤唳。

空气中漂浮着危险的味道。萧军萧红也都十分紧张,他们还不清楚究竟是发生了什么。

过了不久,孙乐文正式通知萧军,说报社要关闭,由他出面同报主和印刷厂方面接洽结束业务的各项事宜。后来得知,孙乐文是一个地下党。

一天夜里,他又约见了萧军,交给萧军四十元钱,说他次日要转移,并要求萧军尽快离开青岛。

萧军、萧红和梅林一直将报纸维持到十月底。贫困又一次来袭，到了深秋，三个人整日辘辘饥肠。他们将一些木料家具拍卖掉，凑了些路费。11月1日，萧红、萧军、梅林买了船票，又是日本的"大连丸"号四等舱。他们和咸鱼、粉条等杂货挤在一起，离开了青岛。

船稳稳地开向远方，载着沉甸甸的回忆。青岛，这个海滨小城，她将又一次离开。每一处落脚的地方，她只能驻足。她的路，在远方。跋涉，是她命定的宿命之旅。

上海漂泊

上海，一个风情万种的城市，它毁了一个个蓬勃如新的好梦，又成全了一个个惊艳的传奇故事。

霓虹灯里闪烁着欲望和繁华，山海人潮中涌动着一颗颗追梦的心。

上海，不管你来去，不管你悲喜，它兀自地繁华着，忧伤着，在留声机咿呀的曲调中，看着浮生的罗香梦影。

三个人初到上海，心中升腾起万般感慨。这座城市，太过繁华，像个梦境，他们却能清醒地感知。

一行三人先是在码头附近的一个廉价的客栈住下，然后分头去找朋友和租房子。

梅林搬到上学读书时的同学那里。这个在北方海洋地带生活惯了的人，走进亭子间的他，如同困兽，在那里住了一夜便又回来找萧军和萧红。

萧军和萧红租住的房子在新建的一排砖房子的楼上，有着黑暗的楼梯和木窗。往窗外望去,是一片碧绿的菜园,空气十分清新。

"你们这里倒不错呵,有美丽的花园呢!"梅林称赞着。

萧红手里拿着一块抹布,叉着腰,装出一副很庄严的样子说:"是不是还有点诗意?"

梅林看了看她那伪装的脸色和傲视的眼神,又看了看萧军紧闭着的嘴唇,三个人同时爆发出一阵大笑。

贫困的生活,苦中作乐,这样的姣好光阴,尤为珍贵。

每个人都一样,当时光匆匆划过,当记忆泛着淡淡微黄,回忆里的欢声笑语,经过岁月的发酵,格外甘醇、甜美。

一段韶华回忆,是当时正美的风景。

今人在回忆,当事人正在经历。

一个老旧的房屋,却是一个崭新的开始。

观者拭目以待,亲历者徐徐开启。

在萧红看来这个小房子和繁华的上海,看上去是极其不相称的。地板是用粗木板拼缀起来的,粗糙得很。一张木床,一张书桌,一张木椅,都是房东出借的。墙壁上又挂起了萧红用炭笔画的萧军的背面画像,是一个穿长袍的人坐在高耸的建筑物下面弹琴,处处都散着老旧的气息。以另一种眼光看来,这样的陈旧,正是繁华的另一个极端,如此冲突的陪衬,却是最融合的映衬。

安顿下来之后,萧军立即给鲁迅写了封信,渴望有见面的机会。他们心中有太多疑问和迷茫。

两人一边等待消息,一边投入写作。

灵魂的花火翩翩起舞,生活的苦难都湮灭在了文字的海洋里。他们把作品投寄了出去,像是举行一个隆重的仪式。厚厚的信封里装着他们沉甸甸的希望,他们渴望稿件被采用。

等待的光阴总是会被拉长，也拉扯着人心，幽幽地变得焦躁而疼痛起来。

但等待却一点消息也没有，也不见退稿，只有死寂一般的宁静。这种无声无色的力量，更能蚕食人心。

那一袋面粉一天天地低下去了，萧红的心也渐渐地沉了下来。一袋面粉，支撑着他们的希望。而无声的回应，使得他们内心的烛火连同面粉渐渐消耗。

梅林会不时地到拉都路这里，一来就问作品的情况，替朋友感到焦急。"听说上海文坛就是这样的，"他说，"但是，那面粉袋子再低下去怎么办呢？"

除了有些干涩的安慰，他也同样是无能为力。

萧红是个善感的人，听了梅林的话，她的大眼睛闪动着，润湿而激动。萧军背着手踱了几步，用他习惯使用的顽强的语气说："前途永远是乐观的！"他们就是如此，靠着信念和乐观熬着苦难的生活。

鲁迅的回信很简单，关于见面，说"可以从缓"。再写一封信过去，虽然回信也很快，却仍然说是"有看见的机会"而已，看来还得延宕下去。

《八月的乡村》在青岛时已经脱稿，本来正好趁暂时无事可做，把它修改出来，但是，萧军根本无心动笔。他感觉如同走在一条看不见光的路上，甚至想烧毁它，以此结束那段灰心的记忆。然而，萧红是万般不肯的，笔下生出的每个字，就算没有人欣赏，也值得自己珍惜。因此，萧红一次又一次地鼓励着萧军把稿子完成。

与其将其毁灭来作为一种告别，萧红更愿意把它完成，以此来作一个了断。

转眼间,已入冬季,上海的冬天,让萧红体会到了另一种寒冷。在北方墙壁和屋顶都是加厚的,还有双层窗子,那样再凛冽的寒冷也可以抵挡得住。而在上海,却是完全不同。

寒风从四面侵入,无孔不入。萧红披着大衣,流着清涕,时时搓着僵硬的手指,在油印纸上逐字逐句地把《八月的乡村》誊写完成。

萧军后来这样描述当时的心情:"我们像两只土拨鼠似的来到了上海!认识谁呢?谁是我们的朋友?连天看起来也是生疏的!我本要用我们余下的十八元五角钱做路费再去当兵,在上海卖文章的梦,早就不做了,只是想把我们写下的两部稿子留给他,随他怎么处置。不过在临行之先,我们是要见一见我们精神上所信赖的人,谁又知在这里连见一个面也还是这样艰难!"

繁华的城市,生疏的天空,在希望与失望的颠簸中,他们迷茫着。他们渴望一个精神的引导,却是格外艰难。他们不知道,当时的鲁迅处在一种他们完全无法想象的水深火热的生活中。

自柔石死后,鲁迅的生活已经进入半地下状态,继中国民权保障同盟总干事杨铨被暗杀之后,他的名字,又上了"该死之榜"。

一个决心与政府为敌的人,必然成为政府打击的对象。不问而知,这是要累及文字的。在严密的书报审查制度之下,他的文章往往得不到发表,已经出版的著作,也大都同许多左翼文艺书籍一样,遭到禁毁。

青年的变化,在鲁迅看来是充满担忧的,这在清党的时候,贩人头者自不必说,就是文学青年,也大抵是可利用时则竭力利用,可打击时则竭力打击,到了左联内部也同样如此。因此,对于青年,他也是都逐渐采取回避原则。

只是，他根本无法摆脱"愿英俊出于中国"的旧梦的纠缠，仍然禁不住青年的诱惑，他要在青年身上挖掘出希望的种子。

与鲁迅先生珍贵的交往

对于萧军和萧红，鲁迅所以不加拒绝，大约也是因为青年的缘故，而且来自东北沦陷区。但是，他并不急。

萧红开始以悄吟具名，和萧军一起给鲁迅写信了。萧红抗议说，为什么要称她为"夫人"或"女士"？

在信中，他们一连提了九个问题，除了关于上海文坛的情况之外，还问到鲁迅当了那么多年的教授，是否有教授的架子。

鲁迅很快写了回信。开始"正名"的一段，写得很风趣："中国的许多话，要推敲起来，不能用的多得很，不过因为用滥了，意义变得含糊，所以也就这么敷衍过去。不错，先生二字，照字面讲，是生在较先的人，但如这么认真，则即使同年的人，叫起来也得先问生日，非常不便了。对于女性的称呼更没有适当的，悄女士在提出抗议，但叫我怎么写呢？悄婶子，悄妹妹，悄侄女……都并不好，所以我想，还是夫人太太，或女士先生罢。现在也有不用称呼的，因为这是无政府主义者式，所以我不用。"

在依次回答问题时，说到青年，他认为不能一概而论，好的有，坏的也有，其中，"稚气和不安定的并不多"，显然这是他所喜欢的。眼前的两位如何呢？在这里，实际上已经表明了他的态度。至于教授架子之类，他说，虽然当过多年的先生和教授，但因为没有忘记自己是学生出身，所以并不管什么规矩不规矩。末了，写上"俪安"两字。还画了一个箭头,附加一句:"这两个字抗议不抗议?"

来信的开头"刘、悄两位先生",萧红看了,是心中充满感激的。从哈尔滨跋涉至今,她第一次被以独立平等的态度对待。萧红的介入,增进了通信双方的亲和力。

萧红回忆说:"我们刚来到上海的时候,另外不认识更多的一个人,在冷冷清清的亭子间里,读着他的信,只有他才安慰着两个漂泊的灵魂。"由此可见,鲁迅之于他们两人来说,非常重要。

鲁迅的信是他们每天生活中的唯一的希望,那是一种真正有生命的日子,他们不再迷茫,并且能够信念坚定地活着。

萧军这样描述收到来信时的情形,他们除了在家里一遍又一遍地诵读之外,出去散步时也必定藏进衣袋里,用手抚摸着,视如珍宝。

那段惬意的日子,是萧红和萧军两人珍贵的回忆。每每想起,都别是一番滋味。

上午来信,吃过午饭,便花六枚小铜板买两小包花生米,每人一包,装在衣袋里,边走边吃,一路漫谈着。遇到行人车马稀少时,就把信掏出来,一人悄声读着,另一人静静地倾听,像是聆听一场音乐盛会,心海随着文字一次一次地跌宕起伏。

在那样一段时光里,他们完全变成了两个孩子,有时大笑,有时叹息,有时泪流满面,有时还奔跑着彼此追逐。那是最洒脱的日子,全身洋溢着暖意。

青春在雀跃舞动,光阴里散着笑声与憧憬。这段时光里,溢满了快乐的清甜。他们猜测着会面的地点,揣摩鲁迅的样子,想象着见面时的情景,因为各抒己见,还常常引起争执。争执过后,又一起美美地憧憬。每天,他们几乎都这么过,屈指计算着距离月底的日子,总觉得时间过得太慢,等待太长。渴望和憧憬装满了心。他们不再有空荡荡的迷茫。

快要到见面的日子了,两个人反而紧张了起来。有种"近乡情更切"的意味。又是兴奋,又是激动。他们终于等到了这个隆重的日子。

11月3日,午后,阳光灿艳艳舞弄光辉,萧红萧军开心地走出家门,按照鲁迅来信指定的时间和地点,一起来到了内山书店。这时,鲁迅已经等候在那里了。

在柜台内侧的套间里,鲁迅站在一张长桌子跟前,一面翻捡着信件和书物,一面和一个日本人样子的人交谈,内山老板在旁边陪着,似乎正在说着什么。看见萧军他们进来,鲁迅立即迎上前去,问道:"你是刘先生吗?"萧军点了点头,低声答应说:"是。""我们就走吧……"他说了一声,走进内室,拿起桌上的信件和书刊向门外走去。

萧红和萧军默默地跟在他的后面,抑制不住自己的心情,一直盯着鲁迅。

鲁迅先生!瘦弱,憔悴,头发森森直立,眼泡大而水肿,浓密的胡须,颧部突出,两颊凹陷,脸色苍青又近于枯黄和灰白,显出鼻孔特别大,而且煤灰般的黑。没有帽子,没有围巾,只穿一件黑色短长衫,藏青色窄裤管的西服裤子,一双黑色橡胶底的网球鞋。

他们来到了一处咖啡馆,鲁迅很熟悉地推门进去,萧军和萧红跟着也进去了。

一个秃头的外国人熟稔地向鲁迅打招呼,他拣了靠近门侧的座位,他们也在旁边坐了下来。这座位很僻静,椅子的靠背又特别高,像小屋子似的,邻座之间谁也看不见谁。鲁迅介绍说,这咖啡馆主要靠后面的"舞场"赚钱的,白天没有什么人到这里来,所以他常常选择这里作为会客的地方。

服务生把咖啡点心之类端上来以后,随即离去。

不一会儿,许广平带着海婴进来了。

鲁迅简单而平静地为他们作了介绍:"这是刘先生、张先生,这是密司许。"

许广平微笑着,伸出手,和萧军萧红握了手。萧红一面微笑,一面握手,此时,她的眼光中已经有泪光,难以抑制心中的激动。

许广平打量着萧红:中等身材,白皙,体格还是健康的,不相称的是有太多的白发,使她看了暗自吃惊,料想其中必定隐含了许多的曲折与艰辛。

萧红爱笑,那无邪的天真,深深地印在了许广平的心里。

萧军讲述他们从哈尔滨出走,直到上海的流亡历程,还介绍了东北沦陷区的一些实际情形,包括当地人民反满抗日的斗争,越说越多,他们心中有太多想要表达,想要鲁迅知道。而渴望表达的太多,有时反而会语塞了。鲁迅似乎看出了他们的紧张,用浑厚的声音安抚他们。鲁迅为他们勾勒出了上海社会的大轮廓,让他们对生存环境的复杂性有一个初步的认识。他的语气是亲切而和蔼的。

他有时沉默着,有时微笑着,还不时地抽着烟,深情安静而饱含希望地看着萧红和萧军。

话聊多了,萧红和萧军也就放开了。

许广平很少说话,鲁迅把一个信封放在桌子上,指着说:"这是你们所需要的……"

萧军和萧红知道,这是他们在前信中要借的二十元钱了。

鲁迅轻淡、含蓄地呵护着他们的自尊，在鲁迅眼中，他们两个人，是孩子，也是希望。未来中国的希望，都寄予在了这样的年轻人身上。

萧军把带去的《八月的乡村》的抄本交给许广平，这时，想起回程坐电车的钱没有了，他坦率地对鲁迅说了。

鲁迅从衣袋里掏出大银角子和铜板，放到桌子上。他和萧红走进车厢之后，鲁迅还站在原地里望着，许广平频频扬起手中的手帕，海婴也学着大人的样子，挥扬着一只小手……

萧军和萧红两人与鲁迅继续以通信的方式保持联系。一个小小的信封，却为两人插上了灵魂的翅膀。鲁迅安抚着两具漂泊着的躁动的灵魂，希望两人常到外面走走，看看社会，看看世界，一切都是值得品味的。

承蒙鲁迅先生精神照拂的每一天里，萧红觉得自己每一天都在成长，她像一棵贪长的植物，在鲁迅的信中汲取丰盈的养分，并拨开乌云，向着阳光生长。

鲁迅先生是那样可亲可敬，萧红心中将他奉若神明，又亲近如同严师慈父。鲁迅先生并非只有教诲，有时也说说私事，抒点愤懑。

他说："敌人是不足惧的，最可怕的是自己营垒里的蛀虫，许多事都败在他们手里。因此，就有时会使我感到寂寞。"又说："我的确常常感到焦烦，但力所能做的，就做，而又常常有'独战'的悲哀。"这么早，他便撩开了战袍，让他们看自己的血肉和伤口。

渐渐地，萧红二人已经对鲁迅形成了很强烈的情感依赖。

其实，在某种意义上，对于鲁迅来说，当他看到身边多出两个年轻可靠的伙伴的时候，多少要打掉一点虚无，增进一点战斗的意气的。

大半个月过去，萧军和萧红收到鲁迅这样一封信。

    刘吟先生：

    本月十九日（星期三）下午六时，我们请你们俩到梁园豫菜馆吃饭，另外还有几个朋友，都可以随便谈天的。梁园地址，是广西路三三二号。广西路是二马路与三马路之间的一条横街，若从二马路弯进去，比较近。

    专此布迟，并请

    俪安

豫

广同具 十二月十七日

用这样一封连同许广平一同具名的信，郑重地邀请两人去吃饭。一封简短的信，他们一次又一次地读着，心中涌起一股温热，萧红眼中涌出了热泪。经历了那么多的漂泊，经历过那样绝望的人生之后的，她终于在苦难之后得到了最珍贵的礼物。

文坛崭露头角

鲁迅先生对萧军萧红的照顾

鲁迅先生让萧红的灵魂重生,让她真正地感受到了生命的温暖,让她清醒地觉得自己还活着,有意义地活着。

怀揣着激动的心情,他们到了梁园豫菜馆。这样一次聚会,对当时的萧红萧军来说,着实是一场盛宴。

他们到来的时候,鲁迅和许广平以及海婴全在了,另外有几位不认识的人,由鲁迅沿着一张特大的圆面桌指定了座位,有两个座位空留着。他以主人的身份对客人依次作了介绍,他们是:茅盾、聂绀弩和夫人周颖、叶紫,再就是萧军和萧红。

他称茅盾为"老板",并没有说出姓名,还解释说,今天本来是为胡风的儿子做满月的,大概没有收到信,这样,贺宴也就成了聚餐会了。

席间,大家的谈话是融洽的,间或用些隐语,颇有些地下工作的意味,让萧军听得有点莫名其妙。他出于礼貌,也讲了一些东北的各种风俗习惯及别的事情,在座的各位都是感兴趣的,而鲁迅听得特别专注。

在宴会上,萧红把她来前准备好的礼物交给海婴。她先掏出两只核桃,解释说:"这是我祖父留传下来的。"接着又拿出一对小棒槌,说,"这也是我带在身边的玩意儿,捣衣用的小模型,通通送给你。"

她不惜以患难中的随身"伴侣"相赠,已可知晓她心中对这份情感的珍重。

飘摇在异乡,她为自己得到了超乎血缘的亲情而感到幸运。

小小的礼物,寄予着她浓厚的感情。在这个寒冷的冬季里,她的灵魂在欢声歌舞,心中一片花海,温暖如春。

有爱的地方,即便异乡,也是家;薄情之处,即便在家中,也是客。

她受得了皮囊的苦难,却忍不了精神的孤苦,而那一颗漂泊多年的心,终于懂得了甘甜的幸福。

1934年年底,萧军和萧红搬到拉都路411弄22号的二楼。拉都路在法租界的西南角,这是一片荒凉的地界,到处是肆意生长的荒草,张牙舞爪,像一个个干枯的骨架,在寒风中干涩地乱舞,刺激着人的视觉。

房子在弄堂的拐角上,又是靠北边的最后一排,冬季的寒风呼啸而过,一片萧索,直吹得人心发慌。再怎样荒凉,还是要住下去的。他们开始收拾家居,为新的生活做准备。

他们写信把新居的情况告诉了鲁迅。

鲁迅回信说:"知道已经搬了新房子,好极好极,但搬来搬去不出拉都路,正如我总在北四川路兜圈子一样。有大草地可看,在上海要算新年幸福,我生在乡下,住了北京,享惯了广大的土地了,初到上海,真如被禁进鸽子笼一样,两三年才习惯。"这里大概也含有慰藉的意思吧。慢慢习惯,不要急。

鲁迅的关爱,像是春日里的潺潺细雨般,温润地滋养着两个年轻人;又如同艳艳朝阳,给他们永远不落的希望。

两人开始布置新居。这时，萧红说是失眠，向萧军提出了分床而居。于是，他们置办两张床。一张东北角，一张西南角，恰好处在对角线上，可以把距离拉得远一点。临睡时，两人都若无其事地彼此道了"晚安"。

萧军朦朦胧胧正要入睡，忽然听到一阵抽泣的声音，萧军焦急地问是怎么一回事，萧红没有回答他，竟侧过脸去，两股泪水滚落下来，立刻把枕头洇湿了。

萧红说："我要一个人睡，可又睡不着！电灯一闭，觉得我们离得太远太远了！"说着，泪水又浮上了她的眼睛……

敏感揉碎了心，伤愁跳上了眉头。这样一个如水一般善感的人儿，直叫人心底生怜。

鲁迅宴客，名义上是庆贺胡风夫妇儿子的满月，实际上，是特意为萧军和萧红介绍几位作家朋友，使他们能够互相帮助，以此安抚两颗寂寞的心。

其中，叶紫同他们来往最多，很快就成了要好的朋友。他有时直呼萧军为"阿木林"，即上海人的所谓"傻瓜"，可见彼此的亲密。

朋友渐渐熟悉以后，见到萧军和萧红生活窘迫，他们便建议萧军找鲁迅介绍文稿，而鲁迅也确实热心为他们兜售。

萧红的《生死场》，他就托人找过不少地方，最后文学社愿意付印，结果搁"在中央宣传部书报检查委员会"那里，批复是不许可。

由于担心萧红等得焦急，或是知道消息以后感到沮丧，鲁迅在信中却编出另外一种理由，说："吟太太的小说送检查处后，亦尚无回信，我看这是和原稿的不容易看相关的，因为用复写纸写，看起来较为费力,他们便搁下了。"

经过鲁迅的推荐,萧军和萧红的文字陆续发表在各种大小刊物上面,他们的名字,逐渐为上海文坛所知晓。

两颗文坛新星,被鲁迅手捧着,缓缓升起,开始在美丽的上海滩上,绽放光华。

有一次,叶紫来访,他跟萧军商量,要鲁迅请他们吃馆子。萧红自告奋勇写了信,说怕费钱可以吃得差一点,还附寄了小说《小六》,请求帮助发表。鲁迅立刻将小说转给《太白》的主编陈望道,并回信给萧红和萧军的小说做了一点印象式评论:"小说稿已经看过了,都做得好的——不是客气话——充满着热情,和只玩技巧的所谓'作家'的作品大两样。"至于请客吃饭一事,答应也很爽快。

大半个月过后,鲁迅践约,请了叶紫、萧军和萧红,正好黄源来访,便也一并请了,后偶遇《芒种》的编辑曹聚仁,加上许广平和海婴,汇集齐了,一行八人前往桥香夜饭店,凑成了一个不小的聚会。

优雅的环境,精致的菜肴,光线里泛着黄晕,好友在座……一幅惬意的景象。置身当时当处,萧红心中充满了喜悦和感恩,她感觉到,自己的血液在燃烧,自己的人生开始升腾,所有梦想,都将不再是梦,它会暖洋洋地照进现实,照进她的人生。

有了新朋友,更有了鲁迅先生的关爱,萧红觉得如今的生活更加有色彩了。

1935年4月2日,萧军和萧红又搬家了,同在拉都路上,是一处小弄堂里的房子,坐北朝南中西式假三层的楼房,他们就住在三楼上。楼下是一片空地,还有栽着花木的池子。相比之前的环境,这一处住所已经好很多了。他们已经习惯了搬家的经历，虽然很费力，但是日子总算是朝着一个好的方向发展了。对于萧红而言，家不是房子，而是一个有伴、有生活、有理想的地方。

他们给鲁迅写信，告诉了搬家的事。这时，鲁迅已经看完《八月的乡村》，并写了序言，还有长信，连同书稿放在内山书店里。跟着发出短笺，让萧军去取，并借此确定地址。

一个月后，鲁迅应邀到这新家做客来了。他和许广平带同海婴的突然到访，给萧军和萧红带来无比的兴奋和欢乐。有客才有主，并且有这样尊贵的客人来访，更让他们兴奋。

六月，因为某些原因，萧军萧红又搬了一次家，地址在法租界萨坡赛路190号的唐豪律师事务所。

一处一处的新家，他们像流浪的并蒂莲，漂泊，却美美地绽放，任生活苦难风雨，不离不弃。

能和所爱的人一起流浪，一起吃苦的幸福，是许许多多人艳羡的。

由于鲁迅的关系，萧红和萧军开始认识胡风，并且很快地变得熟络起来。鲁迅为两个年轻人，打开了一个新的宽广的世界。

一天，他们邀请胡风夫妇到自己的新家吃晚饭，席间还有从哈尔滨前来的罗烽白朗夫妇。喝酒，畅谈，欢笑。胡风的夫人梅志第一次接触到这群北国的慷慨之士，随之变得毫无顾忌。这样的情境让萧红又回忆起年少时和同学一起欢聚的场面，但是，她不曾想象，多年之后，还能够重拾这种畅快的感觉。这是一份天赐的礼物，萧红悄悄地把这些欢声笑语的片段珍藏在心里。

11月5日，萧军和萧红收到鲁迅的一封信，信里邀请他们两人到他家里做客。这也表示，他们与鲁迅的关系更近了。黄昏时分，他们如约来到鲁迅的寓所，那是北四川路施高塔路大陆新村9号的一栋三层房子。

幽暗的客厅里，使萧红感到新奇的，是种在一只绿豆青色瓷瓶里的几株大叶子植物，在寒冷的冬季，居然保持着春天的翠绿。绿得让人惊喜而感动。

从鲁迅口中得知这个叫万年青，无论严寒酷暑，它始终这样青翠欲滴。

萧红"喔"了一声，又盯了这植物好久，她把这样一颗植物的精魂埋在了心灵的土壤，永存希望，永不放弃。

晚饭过后，两家人一道坐在长桌旁边喝茶，惬意地闲谈着。谈得最多的是满洲国的见闻。

窗外，晚霞映红了半边天，灿艳艳的，像一个温柔美丽的姑娘。夕阳下的景致也是别样悠然，朋友相聚，欢声漫谈，笑语不断。如此和美光景，总算是不负岁月流年。

日落西山，明月渐白，他们一直谈到深夜十一点钟。萧红是个非常细心的人，见夜已深了，她便时时想退出来，让鲁迅早点休息，因为她看出他身体不大好，又加上听了许广平说过。但是，鲁迅一点倦意也没有。客厅里摆着一张藤椅，萧红和萧军几次劝他坐在藤椅上休息一下，他也没有去，仍旧坐在椅子上。过了十一点，萧红回头的时候，发现窗玻璃上的小水流的游动，听着淅淅沥沥的雨声，一直到将近十二点，鲁迅才肯让他们穿起雨衣出门。

鲁迅非要送他们到铁门外不可，鲁迅的热情和亲切，使得萧红一次又一次地感动着，她想：为什么他一定要送呢？对于这样年轻的客人，这样的送是应该的吗？雨会打湿头发，受了寒，伤风不是又要继续下去吗？他们拗不过他。

站在铁门外面，鲁迅指着隔壁一家写着"茶"字的大招牌，说："下次来记住这个'茶'字，就是这个'茶'的隔壁。"他伸出手去，几乎触到了钉在铁门旁边的那个九号的"九"字，又叮嘱他们说，"下次来记住茶的旁边九号。"

　　萧红深深地回望了一眼，把这个"九"字记在心里。她看了看鲁迅的身影，眼前湿蒙蒙一片。她要永远记住这眼前这一幕。

　　从此以后，萧红两人便成为了这里的常客。

笔述辛酸泪生活

　　萧红萧军同鲁迅这一群朋友之前讨论过的"奴隶丛书"，曾经托人送到黎明书店，希望能正式出版。而书店的编辑也不是没有出版的考虑的，但是怯于严厉的书报审查制度，到底还是拒绝了。

　　最后，叶紫他们把书稿送到民光印刷所，壮着胆子杜撰了一个叫"容光书局"的出版社的名目，非法出版了。

　　继叶紫的《丰收》之后，萧军的《八月的乡村》接着出版。作为丛书的第三种，萧红的《生死场》，到了年底，也即隔了半年之后才得以艰难面世。

　　喜悦在等待中陈酿出了更多的甘甜，《生死场》拨开了重重迷雾，终于出现在阳光之下。

　　鲁迅为丛书分别写了序言，胡风又写成一篇"读后记"，鲁迅还在校样上，用红笔逐一改正了错字，还改动了原先的格式。这让萧红感激的同时内心又充满了愧疚。

　　对于个人第一次独立出书，萧红是十分看重的。她亲自设计了封面，还因为序言没有鲁迅的亲笔签名，见到丛书其他两种都有，便也向鲁迅索要签名。

在《生死场》的序言中，鲁迅表述了奴隶与主人和奴才对立的政治伦理观点。他直接揭露了《生死场》遭到"中央宣传部书报检查委员会"扼杀的事实，同时指出，这正是当然的事，"对于生的坚强和死的挣扎，恐怕也确是大背'训政'之道的"，实际上是挑战国家意识形态的。他向读者推荐说，《生死场》之所以值得看，正在于"它才会给你们以坚强和挣扎的力气"。

他写道：这本稿子到了我的桌上，已是今年的春天，我早重回闸北，周围又复熙熙攘攘的时候了，但却看见五年以前，以及更早的哈尔滨。这自然还不过是略图。叙事和写景，胜于人物的描写，然而北方人民的对于生的坚强，对于死的挣扎，却往往已经力透纸背；女性作者的细致的观察和越轨的笔致，又增加了不少的明丽和新鲜。精神是健全的，就是深恶文艺和功利有关的人，如果看起来，他不幸得很，他也难免不能毫无所得。

鲁迅为丛书写的序言都强调文学的真实性和战斗性，但是，唯有对萧红的《生死场》，特别说到艺术的特点和成就。

鲁迅欣赏萧红作为女性作者描写的细致、明丽和新鲜，尤其称赞其中的越轨之处，有一种力的美。他觉得萧红在描写人物方面是存有缺陷的，但是序言里没有说，在信里也没有具体指出，只是说："那序文上，有一句'叙事写景胜于描写人物'，也并不是好话，也可以解作描写人物并不怎么好。因为做序文，也要顾及销路，所以只得说得弯曲一点。"他之所以没有多费笔墨，大约是相信她的才华，有能力在未来的写作实践中臻于完善吧。

鲁迅中肯的评价萧红都铭记在心。鲁迅的每一个字都是值得她细细品味和珍藏的。

胡风的《读后记》，对《生死场》同样给予高度的评价，同时他也给出了几点中肯的建议。但即便如此，他仍然认为，这是一部"不是以精致见长的史诗"。

生死场，生的渴望，死的挣扎。她写的是故事，却是心的呐喊。这个外表柔弱的姑娘，在生与死的生命徘徊挣扎中建立起了自己坚不可摧的精神堡垒。

在《生死场》从酝酿出版到最终问世的半年时间里，萧红是焦灼的，也是亢奋的。期盼太久，她在期待中已经无数次地揣摩过它问世的样子。她希望，在这条路上，她能够越走越宽。

1935年夏季，散文集《商市街》写成。这个散文集带有明显的自叙性质，是她与萧军在哈尔滨共同生活的记录。

它们沿着时间的线索徐徐展开。社会的冷酷、分人的困窘、生活的千疮百孔，以及爱的挣扎，凝成墨泪，流淌在笔尖。

萧红历经饥饿与寒冷一次又一次的洗礼，那样彻骨的痛，那样苦寒的心，都深深地铭刻在了心底。因此，当这一切从萧红的笔端流淌而出的时候，是那样的痛彻心扉。

冷酷的父亲，流浪的街头，刺骨的寒风……那样浓郁的寒冷和悲伤，她曾一一亲历。绝望之中，她一次次呐喊挣扎，而一次次苦难中，她愈加坚强。

这样一部自传式作品也就具有了社会学的性质，为中国文学所未见。有人把它与英国作家奥威尔的《巴黎伦敦落难记》相比拟，当是极有见地的。

经受苦难的涅槃，她，开得更美，更艳。

当爱已成往事

新年伊始,鲁迅与胡风办的杂志《海燕》创刊了。萧红把它看成是自己的杂志,她在这上面发表了一些散文新作,她的路也越走越宽,许多杂志都纷纷向她约稿。萧红当然无比喜悦,这也使得她创作的热情更浓。

《作家》杂志的编辑孟十还邀请她和萧军同去游了杭州。温山软水,杨柳依依,微风吹皱了一池春水,惹得人满心情思浮荡,他们尽情地饱览着眼前的美景,在湖光山色间徜徉,享受了多年来少有的快乐。更有幸的是,在此期间,她还结识了像史沫特莱、鹿地亘等外国友人,扩大了交往的圈子。

眼前的一切,都是一幅欣欣向荣的图景,萧红觉得自己是最幸福的人。爱人朋友在侧,写作的路越走越宽阔,生活条件也日渐好转……总之,她觉得自己的人生渐渐明朗。

就在她雄心勃勃地筹划着继《生死场》和《商市街》之后的写作的时候,一个人的突然出现扰乱了她的心。

暮春时节,窗外细雨如愁,洒满了她的心。

哈尔滨的程女士又在上海出现了。

程女士哥哥的住处恰好邻近萧军和萧红的寓所,有一天便携同妹妹去看望他们。这时候,程女士已经结婚并且做了母亲。然而,这一次见面还是非常尴尬。

谈话间,萧红一直打量着她,她比从前更加有风韵,眼睛里含着温热的光。萧红虽然一起说笑着,但是女人天生的敏感促使她心中生出一种异样的感觉。就算嘴角扬得再高，也掩藏不了心中的酸涩。临走时，程女士对萧军说："你送我回去吧？"萧军虽然迟疑了一会儿，但还是答应下来。其实，在程女士来之前，他们已经吵过一架。

程女士在上海住了三四个月，她的丈夫来信催她北上，终于在劳动节那天走了。然而，她给萧红萧军情感带来的灾难并没有因为她的离开而停止。

一些细枝末节的事情背着萧红发生，无论如何掩蔽，肯定会有若干情节和细节暴露在她的眼前。

她不愿说，别人便也无从知晓，唯有她自己，看得见心底隐隐痛着的伤口。

经历重重波折，才会体会，爱情，不仅仅是甘甜的，甜美之后，也有苦涩、酸楚，也有哀愁和落寞。烦闷、失望、哀愁笼罩了萧红整个的生命。她的身体非常虚弱，面色苍白，又头痛得厉害，然而还得勉强振作着操持家务，替萧军整理、抄写文稿。她开始烟不离手，她在一圈圈袅袅烟熏中重游回忆的爱恋甜蜜，而当清醒之后，她又不得不品尝这杯爱情苦酒。

生命中有多少不可预知就有多少的恐惧，当有一天生活的轨道突然被改写，那种原有的信念忽然开始偏颇，爱情化成魔鬼，张开獠牙把人撕扯得疼痛，心也会活生生地被撕裂出一道口子。

撕扯，是最痛之痛。于是，她写了组诗《苦杯》。一只杯子，汇聚她心中无限情愫，爱恨苦忧，浓稠地溢满杯子。

　　带着颜色的情诗，
　　一只一只写给她的，

像三年前写给我的一样,
也许情诗再过三年他又写给另一个姑娘!(《苦杯》其一)

曾经的爱意绵绵,情比金坚,却在苒苒的时光中渐渐凋残。
她不再是他的唯一。年复一年的岁月轮回中,她不知道自己还要受尽多少情感的灾难。

昨夜他又写了一只诗,
我也写了一只诗,
他是写给他新的情人,
我是写给我悲哀的心的。(《苦杯》其二)

她爱的三郎,她满心爱恋,是难收的覆水,却在他的别恋里干涸。
一笺笺情诗,她向他抛出爱的橄榄枝,他走向另一片天地,留给她空杯一只,盛满悲哀。
然而,花还相似,情却不在,她还能有什么可挣扎的,唯有微笑着酣饮这杯他给的苦愁。

爱情的账目,
要到失恋的时候才算的,
算也总是不够本的。(《苦杯》其三)

在爱情的天平上,没有完全对等的得失,也正是因此,才有了爱恨痴缠，剪不断理还乱的情恨绵绵。

　　希望着，又失望了；得到了，又失去了。爱是一条不完满的路，爱着的人却甘心在路上匍匐。

　　　　已经不爱我了吧！
　　　　尚与我日日争吵，
　　　　我的心潮破碎了，
　　　　他分明知道，
　　　　他又在我浸着毒液一般痛苦的心上，
　　　　时时踢打。（《苦杯》其四）

　　爱，之于痴情者来说，永远是个赔本的账。是赔了整整一颗心。魂，被困在回忆和妄想中，命，却要苦苦地承受着心碎的痛。
　　爱之至痛，却偏偏还是要爱。
　　这是个亘古的谜团，也是个永恒的痴。

　　　　往日的爱人，
　　　　为我遮避暴风雨，
　　　　而今他变成暴风雨了！
　　　　让我怎样来抵抗，
　　　　敌人的攻击，
　　　　爱人的伤悼。（《苦杯》其五）

　　曾经的甜蜜的爱，如今噬骨的毒。爱得哄哄烈烈，又伤得体无完肤。

毫无道理，却无能为力。受伤的人，只能眼看着自己孤独，眼看着自己受苦。

爱是一条不归路，无人可救赎。

> 他又去公园了。
> 我说："我也去吧！"
> "你去做什么？"
> 他自己走了。
> 他给他新的情人的诗说：
> "有谁不爱鸟儿似的姑娘！"
> "有谁忍拒少女红唇上的蜜！"
> 我不是少女，
> 我没有红唇了。
> 我穿的是从厨房带来的油污的衣裳，
> 为生活而流浪，
> 我更没有少女的心肠。
> 他独自走了，
> 他独自去享受黄昏时公园里美丽的时光。
> 我在家里等待着，
> 等待明朝再去煮米熬汤。（《苦杯》其六）

经尽生活流浪的苦，再也不见那柔柔女儿情。

她爱的人去赴一场美丽的约会，她独守一片空城，在寂静里看着自己情感的城堡溃成囚牢。

守不住爱的人，却困住了自己的心。无尽的等待，无尽的苦。

> 我幼时有个暴虐的父亲,
> 他和我的父亲一样了!
> 父亲是我的敌人,
> 而他不是,
> 我又怎样来对待他呢?
> 他说他是我同一战线上的伙伴。(《苦杯》其七)

爱与恨的纠缠,痛与苦的撕扯。她在爱里迷失,在痛苦里挣扎。

> 我没有家,
> 我连家乡都没有,
> 更失去朋友,
> 只有一个他,
> 而今他却对我取着这般态度。(《苦杯》其八)

他本来很小,是茫茫人海中一个。而他又很大,因为她爱他,他就成了整个世界。失去一个人,也就失去了一个世界。

> 泪到眼边流回去,
> 流着回去浸蚀我的心吧!
> 哭又有什么用!
> 他的心中既不放着我,
> 哭也是无足轻重。(《苦杯》其九)

矛盾、犹疑、失落……面对一份残缺的情感，爱不下去，恨不起来。

一串串泪在反复，掏空了心海，爱也再难收。只留下了无尽的孤独。

近来时时想要哭了，
但没有一个适当的地方：
坐在床上哭，怕是他看到；
跑到厨房里去哭，
怕是邻居看到；
在街头哭，那些陌生的人更会哗笑。
人间对我都是无情了。（《苦杯》其十）

说什么爱情！
说什么受难者共同走尽
患难的路程！
都成了昨夜的梦，
昨夜的明灯。（《苦杯》其十一）

林忆莲的歌："往事不要再提，人生几多风雨，纵然记忆抹不去爱与恨都还在心里……"

当爱已成往事，哭干了泪也是无用，再多悔憾，已是过往成空，毫无用处。可偏偏一颗心，还要执著地回忆昨夜的明灯，重温昨夜的梦。

离殇，独自为爱疗伤

单薄的倩影

萧红说萧军是一个有着强盗般灵魂的人。

强盗是劫夺的、征服的、占有的,而不是给予的,拒绝自由交换与交流,拒绝对方独立自主的行动;即使提供保护,也无非要求对方甘于做永远的弱者、战败者、屈服者。

萧红在意的并不是一个情敌,而是自己的内心。

正如她在诗中说的,"只有一个他"。在这他乡异地,萧军几乎是她唯一的亲人和朋友。

三载相扶相依,使她确认曾经存在过一种叫"爱情"的东西,当爱情融化在生活中,他们再也难见爱情的样子。

爱,明明灭灭,情,只在惺惺相依。但无论怎样,毕竟给过她温暖和幸福。不管他们之间还有几分爱情,但是她同他在一起时,就会很安心。所以,她没有选择离开萧军,她还是愿意继续等待,继续守着这个唯一。

她在痛苦中慢慢抬起头来,宽容了萧军,也就是释放了自己。

萧红,她将爱视为生命一部分。所以,当爱渐渐离去,她的生命中有一种被割裂的痛楚。

对于她来说,她不仅仅失去一份爱情,而更是失去了一个依靠。

没有了情感的支撑,她几乎什么也写不成,又害怕在家里待着,经常一个人四处游荡,像是一个无主的游魂,眼神中失去了光彩,幽深得只有看不到底的绝望。

吃饭也是随便打发的,胡风就不止一次在霞飞路上遇到她,一个人去俄国大菜馆,吃两角钱一客的便宜饭。一个人,低着头,有时候,空空地望着远方,一转眼,满眼又充盈着泪花。实在苦闷得不行,她就只好往鲁迅家里跑。

就在这一年春天,萧军和萧红把家搬到北四川路离鲁迅寓所不远的地方来了。萧军说是靠近些,为的方便,可以多帮忙。开始他们每夜饭后都会前来一次,有时还吃点东西才走,但是到了后来,常来的就只有萧红了。

一双璧人如今只剩一个单薄的红影。

哀愁染了青黛,悲伤栖满了眼眸,她成了情感中的困兽。然而,情是一环套一环逃不出的连环锁,她一次次决绝地向围墙撞去,除了满心伤痕,她一无所得。

她渴望能有一条路,让她的情感得以救赎。萧红每天要来一两次,甚至一来就是一整天。

许广平回忆说,萧红有时倾谈得很开心,更多的是勉强谈话,而强烈的哀愁,时常侵袭上来,像是用纸包着水,总是没法不叫它渗出来。自然,她也时常用力克制,反而像是在水壶上加热,壶的外面布满水珠,一点也遮不住。

许广平为了减轻鲁迅整天陪客的辛劳,不得不留出时间在楼下的客厅里陪萧红长谈。

女人,往往都是敏感如水,而女人之间,也更容易体会彼此心中的苦楚。

一次许广平陪了萧红大半天之后走到楼上，这天风相当大，鲁迅刚刚睡醒，家里的窗户都忘了关上，他因此受了凉，发起热来，害了一场病。

这年夏天，胡风受了鲁迅的委托，正在帮助日本人鹿地亘翻译鲁迅的著作，便常常到鲁迅家里来。他的夫人梅志有时也跟着来，每次来几乎都在楼下遇见萧红。这时，许广平就会让梅志跟萧红谈话，自己忙别的事情去。在梅志的印象中，萧红形容憔悴，消瘦多了，脸色也苍白得发青。她见到梅志很冷淡，有点心不在焉的样子。

只是海婴缠住她玩，不停地问这问那，她才有了一点笑容。

一次，许广平在楼梯口迎着梅志，诉苦似的说："萧红又在前厅……她天天来一坐就是半天，我哪有时间陪她，只好叫海婴去陪她。我知道，她也苦恼得很……她痛苦，寂寞，没地方去就跑这儿来，我能向她表示不高兴吗？唉！真没办法。"

而鲁迅是欢迎她来的。

一天，鲁迅在校对瞿秋白的《海上述林》，萧红刚走进卧室，他那张圆转椅便立刻掉转过来了。"好久不见，好久不见。"他一边说着一边向萧红点头。萧红一时错愕，鲁迅又转身坐在躺椅上兀自笑起来……

鲁迅当然知道这两人之间发生了矛盾，但是却从不去过问或者扮演调和的角色。他懂得朋友之间，最好的安慰，其实是陪着。

他总要陪萧红谈天，逗她快乐，像说说她的穿戴服饰之类，有时也邀她一起看电影。

萧红望着鲁迅眼中温和的光，心中的忧伤也渐渐淡了，像儿时见到了老祖父一样，心中一片温暖。

在那个梅雨时节里，只要天空放晴，萧红就跑到鲁迅家来了，跑上楼去还喘着。

鲁迅说："来啦！"

萧红也说："来啦！"

她喘着连茶也喝不下。

鲁迅问萧红："有什么事吗？"

萧红说："天晴啦，太阳出来啦！"那种喜悦，就像是回到了儿时的后花园，太阳出来了，又可以看见蝶飞花舞，又可以看到明艳艳的天。阳光，让她感到喜悦，会驱散她心中的阴凉。

这一年，鲁迅多病，六月躺了整整一个月，萧红不敢上楼去。没有了鲁迅的陪伴，萧红的心中格外压抑。

她的忧思一重重，没有了倾诉者便都压在了自己的心上。只有她一个人，在寂静的时光里，聆听自己心跳的声音，品着自己那一层层的苦涩。

寂寞是把嗜血的刀，她在一个人的世界里，反反复复地回想着、盼望着，也失望着，承受一次次刀剐，默默流泪……

将近半年过去，忧思成疾，萧红的身体更加虚弱，而精神状况也愈来愈坏，噩梦连连侵袭。

安居在上海，她的心却已经开始流浪，没有方向，只随着命运，随着那满心的愁情，流离，旋转。

见萧红每况愈下，黄源建议她到日本去住一段时期。

日本距上海不算太远，生活费用也不算太贵，环境比较安静，可以一面休养，一面专心写作，最主要的是，换了环境，也能缓解心中的苦闷。

黄源的夫人许粤华正在日本学日文，不到一年已经能够翻译些短文了，如果萧红愿意去，让她照顾一下是不成问题的。

黄源的建议，萧红很动心。如果放不下一段感情一个人，放逐自己，也未尝不是一种办法。况且，失去了爱的地方，便是异乡了。她也倒不必在乎在另外一个国度，做一个真正的异乡异客了。

机缘巧合，萧红通过白朗打听到了弟弟张秀珂正在日本留学。这消息使得萧红很振奋。姐弟间好几年没见面了，提及起来，心中生出了浓浓的想念，而今又是她的人生低谷，所以盼望见到亲人的心情，也更加的迫切了。对弟弟的想念，使她又想起了祖父，想起了母亲……

岁月陈酿出亲情暖香，却在能在回忆里氤氲出一个幽影，填不满她渴望的心。

七月，夏之未央，风和日暖，燕子梁前转。新雨过后，天色初晴。鲁迅的身体明显好转，客人可以上楼看望他了。

萧红心中略有不安，她怯生生地走进卧室的门，不知道该站到哪里。

鲁迅则温暖地笑着安抚她说："人瘦了，这样瘦是不成的，要多吃点儿。"

明朗的笑声，烘暖了萧红潮湿的心。

见到鲁迅恢复过来的神采，萧红心中轻舒了一口气。他身体见好了，她也终于可以安心。

关于去日本的事情，萧红和萧军协商，最后两人协定萧红去日本，萧军去青岛，一年以后再回到上海相聚。

一年，四季，一次花开花落的轮回，但之于萧红和萧军两人却像是赌约。当四季轮回后，他们是否还能回到最初，萧红有些茫然。

相依多年，如今却要生生互相隔离，分隔两地。谁都不愿在原地等待。是命运，也是无奈。

恰好这时书店为《生死场》和《八月的乡村》结算了一笔书款，这样，旅费问题也就顺利解决了。

一切准备就绪，然而，这样的顺利却让萧红的心中隐隐有些失落。也许，一个不得已的理由，他能将她留下，也许，除了奔赴异国他乡，他们之间还有一种更好的选择，但也许，只是也许，它只静悄悄地寄居在幻想里，并未发生。

7月15日，鲁迅在家里为萧红设宴饯行，许广平亲自下厨。

对于萧红的远行，鲁迅格外担忧。他一次又一次地嘱咐一些在日本应当注意的情况，以及对付的办法。字字句句，萧红都印在了心底。这些暖心的寄语，美好的回忆，她将全部装进行囊，背着它，走向海外他乡。

第二天，萧红、萧军和黄源一起吃过饭，然后到照相馆拍了张合照。萧红一次次地抚摸着相片。多好的纪念，却是为了忘却的纪念。

萧红烫了头发，穿上西装，离开风情妩媚的上海，离开令她心疼的爱人，她渴望在流浪里找到新生。

可这又分明是一个赌局。离开，究竟是新生，还是更深的沦陷，她未曾可知。可事已至此，已经由不得她进退徘徊。

望着迷茫的远方，她唯有坚强地走下去。

不舍的泪风干在了心底，未了的情，暂且搁置。7月17日，萧红终于登上轮船，独自前往异国。

汽笛清脆地鸣响，是结束的陈词，也是开始的号角。海风吟着一个又一个离别的故事，一波波拂过萧红的心。海水渐渐变得幽蓝,这是一种深郁的颜色。

萧红站在船尾,遥遥远望,浩瀚的海洋,不知道哪里是它的心;茫茫人海中,她亦是丢失了自己。

碧水蓝天,孤红渺影,渐渐消失在天际。

别了,上海;别了,曾经……

只身前往日本

东京异域,别样风情,萧红暗暗寄托,希望在这里开始一段别样的人生。

萧红找到黄源的夫人许粤华,租了一个房子。屋内是纯日式的榻榻米,环境清雅,宽敞舒适,她习惯性地想,如果萧军在,他一定会兴奋极了。

可是,好景在眼前,爱人却只能隔海相望,再美再新奇的景致也只能她自己享用了。

她惋惜,不是为萧军,而是为自己。孤单一人,寂寞的心,再好的景致也注定被辜负了。

还有一件事,让萧红心中格外失落,据说弟弟张秀珂已经回哈尔滨去了。这样的错过,不免使她心中生出遗憾。

人不到绝境,很难更冷静。现如今,萧红心中明白,不能再有任何奢望了。她真的要自己一人了。她不得不开始新的生活。

新生活中有许多事物都是和从前远远不同的,新奇,意外,这是萧红常常会有的感受。而新的另一种隐喻,即是陌生。连邻居也是陌生的。说话的人一个也没有,看的书报也没有,想到街上走走吧，不认识路，语言也不通。

走在茫茫人海中，但她却觉得，自己是被整个世界孤立了。身在人群中却生出深深的孤独感，甚至她觉得，异乡的氧气也是稀薄的。她经常会有一种很闷的感觉。

欲哭，无泪，只化成一声声无奈的叹息。

她曾经到神保町的书铺去过一次，但那书铺好像与她一点关系也没有。许粤华每天忙于工作，两人聚谈的时间并不多，而短短一个月后许粤华就回了上海。

萧红格外的心慌，她像是个被抛弃的孩子，流浪在异国他乡。这也唤起了她那些年少时不堪的记忆。孤独，搅得她心底一阵阵剧痛。

满街响着的木屐的声音，无时无刻不在地提醒着她是异乡客。

欲诉哀愁，却是无人可说，任它来回涤荡在心中。

她将万般心绪，凝成字字珠玑，落在信纸上，投向她所牵挂的人。一封又一封，载着她厚重的思念，飞向他的手中。她的寂寞、不安、灵魂的波动，她都一一言之，她希望他能懂。

萧红的第四封信，就是寄到青岛去的。八月初的时候，萧军已经到了青岛。

寂寞难耐，她又拾起了烟卷。烟圈寂寞地飘散，掩映在她的明眸中，氤氲出一幅美丽画卷，然而，没有了爱人的眼光，再美的东西，也会失了色彩。

有人说，上帝是公平的，因为他赋予了每一个人美好的生命，来感受阳光雨露，感受爱。然而，上帝又是不公的，因为它没有给予每一个人均等的爱的份额。萧红，一生都渴望爱，生命中虽然充满艰辛跋涉，却从未放弃过爱，然而，拼尽全力的付出，得到的，却是更多的伤痕累累。

似乎爱得越多，也就爱得越苦，也许这世间唯有爱，是如此大胆的不循能量守恒定律。

萧红，爱得太多，关心得太多，也在爱里失去了自己。

这一方爱得不能自拔，而对于另一方，却并非甘之如饴。这一切成为了他的包袱。

萧军晚年为萧红的书信作注，在嘱买软枕头和薄毛被一节中这样写道："她常常关心得我太多，这使我很不舒服，以致厌烦。这也是我们常常闹小矛盾的原因之一。我是一个不愿可怜自己的人，也不愿别人'可怜'我！"

萧红的过多关心，在他心中被认为是可怜。原本是爱的驱使，结果却成为了自尊的利剑。

是非对错，无可断言。也许，这就是爱情里许多人都越不过去的坎。难以契合供需，注定了只能成为回忆里的浪海浮花。

萧红说："灵魂太细微的人同时也一定渺小，所以我并不崇敬我自己。我崇敬粗大的、宽宏的！"

对于这段自白式的话，萧军注释说："我的灵魂比她当然要粗大、宽宏一些。她虽然'崇敬'，但我以为她并不爱具有这样灵魂的人，相反的，她会感到它——这样灵魂——伤害到她的灵魂的自尊，因此她可能还憎恨它，最终要逃开它……她曾写过我是具有'强盗'一般灵魂的人！这确是伤害了我，如果我没有类于这样的灵魂，恐怕她是不会得救的！"

这样的口吻，带着委屈，又带着些许质问。爱是彼此的救赎和成全，互相予求，也就无分恩泽。而他一个"救"字，他已经把自己列为恩人的角色，而非一个惺惺相惜的爱人。

他还写道:"我曾经有自知之明地评价过自己,我是一柄斧头,在人们需要使用我时,他们会称赞我;当用过以后,就要抛到一边,而且还要加上一句这样的诅咒:'这是多么蠢笨而蛮野的斧头呵!……'"

人总是习惯将自己扮演成一种受伤的角色,然后,在忧伤和自嘲中获得解脱,即便无法得到灵魂的救赎,也可以暂且安抚自己伤怀的心。

萧红所崇敬的粗大、宽宏的灵魂是能够充分包容细微和弱小者的。萧红的失望,也正是印证了萧军并不具备她渴望的这种灵魂。至少,在她的心中的,是不具备的。

他越发给不了她想要的,她的爱却如同覆水难收,灵魂和情感的矛盾,让萧红心底失衡。

由于病痛的纠缠,其中自然也含有对爱情的失望,或是不祥的预感,萧红时时会无端地有坏心情来袭。一次她在信里莫名其妙地写到她和萧军的健康状况:"你亦人也,吾亦人也,你则健康,我则多病,常兴健牛与病驴之感,故每暗中惭愧。"

无力的一声叹问,叹出了她心中的悲凉,病恹恹的皮囊,疲乏的心。灵与肉都消沉了,叫她还能怎样去鲜活地生长。生命给予她的尽是沉痛,她却在苦海里自我消解苦难,酿出心中一缕陈香。

世间,任何事物,只要是沾了感情,无论爱恨情仇,也就再难是他本身的样子了。也许这一方是春江明月夜,另一方却是寒塘渡鹤影。她的心,他不懂。这是她的命中之伤,躲不开,逃不掉。

命运公平在于,付出总会有回报,无论是表象的还是隐性的,无论你是否察觉,无论是以怎样的形式都将会得到对等的回报。

然而,爱却是一种永远难以诠释的事物。有些人,爱了一辈子，努力了一辈子，最后却是一场寂寞花开，换回一句对不起。有些人，只看了一眼，便是认定了，情天恨海，只逐他一人而去。有些人，在等待中苍老。有些人，在回忆里放逐。

樱花雨落，最伤心

最甜的爱，是两个人的灵魂能够互相搀扶。萧红和萧军，他们曾爱过，然而，他们的灵魂却不能共舞。所以，爱和回忆，必然在等待中苍老，在期望与失望的挣扎中酿成苦酒。

萧军把在青岛写的短篇《为了爱的缘故》寄给萧红。这是以他们两人在东北的爱情生活为素材创作的，其中女主角芹就是萧红。

萧红看了，内心并没有像萧军想象的那样感动，她回信说:"在那《为了爱的缘故》的文章里面，芹简直和幽灵差不多了，读了使自己感到了战栗，因为自己也不认识自己了。我想我们吵嘴之类，也都是因为了那样的根源——就是为一个人的打算，还是为多数人打算。从此我可就不愿再那样妨害你了，你有你的自由了。"

善感的人，多愁的心。她一边敏感地触动内心的伤口，一边又挣扎着坚强地去自我救赎。也正因为如此，她才一遍遍反复地受着爱的折磨。

爱之最痛，想忘忘不掉，想等不能等，想放放不下，这一片片火海，萧红全都一步步蹚过。爱的炼狱之火，将她一次次狠狠灼烧。萧红无数次地想要快刀斩乱麻，同萧军分道扬镳。这是许多陷入爱的泥淖中的女子有过的念头。然而，无论多少次狠下心来，还是会犹豫。因为有一颗充满爱的心，在过去的幸福时光里鲜活地跳动。

多少人，多少爱，活在回忆中，死在现实里。

多少痴情人，爱过伤过之后，还要自叹：我太傻。

她下不了分手的决心，就算暂时分开，是如约一年返国，还是延期住下呢？在信中也都是反复不定，充满矛盾的。

她说："你说我滚回去，你想我了吗？我可不想你呢，我要在日本住十年。"就在同一封信里，却又说："你等着吧！说不定哪一个月，或哪一天，我可真要滚回去的。到那时候，我就说你让我回来的。"

她曾经表示，房子是没有心思装饰的，"花，不买了，酒也不想喝，对于一切都不大有趣味，夜里看着窗棂和空空的四壁，对于一个年青的有热情的人，这是绝大的残酷，但对于我还好，人到了中年总是能熬住一点火焰的。"

一个人最大的落寞，就是连颓废都不愿意去做了，这也是萧红的落寞。任那庭前花开花落，她依旧是心如止水。

等到寂寞退潮时，她又详细地报道如何布置房间的情况，大有长住久安的样子："我的房间收拾得非常整齐，好像等待着客人的到来一样。草褥折起来当作沙发，还有一个小圆桌，桌上还站着一瓶红色的酒，酒瓶下面站着一对金酒杯。大概在一个地方住得久了一点，也总是开心些的，因为我感觉到我的心情好像开始要管到一些在我身外的装点，虽然房间里边挂起一张小画片来，不算什么，是平常的，但，那需要多大的热情来做这么一点小事呢？非亲身感到的是不知道。我刚来的时候，就是前半个月吧，我也没有这样的要求……"

每一个女子，都有一颗纤细敏感的心，她吐尽心水，却怕某些字句太硬不小心伤了爱人的心。因此，她又注："均：上面又写了一些怕又引起你误解的一些话，因为一向你看得我很弱女人呵！"

思念煎熬着病躯，她经常沉浸在疲乏、头痛、心跳过速、血流加快的糟糕感觉中。各种疾病贯穿了她的整个日本的旅程，也贯穿了她一生的旅程。然而，尽管人生路上风风雨雨几多波折，但是她却有一条路，始终在坚持，那就是写作。

在到东京不足一个月的时间里，她寄出去三篇短文，都是她努力挣扎着写出来的，她接着计划写长篇。为了完成计划，她改变了多年早睡的习惯，晚上一直熬到十二点或者一点。就算窗外风雨呼啸，电闪雷鸣，她也是写；剧烈的腹痛长达数个小时，全身发抖，一边吃药苦挨着，她也是要写……

八月，《商市街》作为巴金主编的《文学丛刊》第二集，署名悄吟，由上海文化生活出版社出版。

这对于萧红来说，是一个破天的喜讯，像一道闪电，劈开了萧红心中沉积的阴云。这些作品，就像是萧红的孩子一样，它们的每一个动向，都牵动着萧红的心。如今这样光辉地问世，更是让她充满喜悦。

后来，萧军在信中把出版后受到好评的情况告诉她，她是喜欢而且感谢的。

十一月，短篇散文集《桥》也被编入《文学丛刊》第三集出版了。

在日本，萧红的作品并不多，除了三万字的短篇小说《家族以外的人》，只有《孤独的生活》《红的果园》《王四的故事》等几篇短文。《永远的憧憬与追求》一篇，实际上是应刊物的要求而写的自传，只是写得漂亮，成了优美的散文了。

那样的美感，是生命对她的礼赠，她的才华，随着命运缓缓流淌进她的灵魂里，又从笔尖倾斜而出。因此，不必矫揉造作，不必故作姿态，她在不经意间显露出色的才华。

《红的果园》也是如此，全篇闪烁着印象派绘画的光彩，而意蕴深长。

同任何事，任何人，从陌生到熟悉，都是一种情感的播撒，对周围的事物付出时间，付出感情……渐渐地，积攒出了一种平凡又特别的情感，就是熟悉。东京，异国里的异乡，她这个孤独的异客，在这样一处新的环境，从陌生到熟悉，是要花费很大力气的。正是因为不易，所以萧红格外珍惜。

在东京住下来几个月之后，萧红对周围环境逐渐熟悉起来。房东待她很好，还常常送给她一些礼物，比如方糖、花生、饼干、苹果、葡萄之类，还有一盆花，给她摆在窗台上。放在一起，会很漂亮。

书稿的连续出版，无论如何都是好消息，而最使她感到快慰的是，她的日文进步很快，一本《文学案内》已经能读懂大半了，照这样的速度，不久就可以自由地阅读许多书。在日本，好书层出不穷，多待些日子，实在是很有好处的。她觉得她已经开始适应了，苦涩似乎渐渐少了些。有时候，她甚至会想，自己会不会还要在这个城市待很久。

一天一天，樱花雨散尽天涯，萧红在异地他乡过活。

这时候，她想不到的是：鲁迅去世了！

一个最威严、最顽强，然而又是最慈爱的人离开了这个世界！

萧红根本不能接受眼前这个事实。在她和萧军的通信中，第一次提到鲁迅是10月13日。这一天，萧军正好从青岛回到上海。她告诉萧军，她在电影中看到了北四川路和施高塔路，想到了病中的鲁迅，那一刻很忐忑不安。

过了一周，她突然看见报纸上出现鲁迅的"偲"这样的题目。她立刻翻开字典查找，没有"偲"这个字。

但是，文章里又有"逝世"的字眼，谁逝世了呢？她慌了神，赶忙冒雨回到家里，打开房东的格子门，可是怎样也进不去。女房东正在火炉旁切萝卜，看见萧红的狼狈相，抓住白围裙，像鸽子似的笑起来："伞……伞……"萧红这才明白，上不了阁楼，原来是自己在慌张中忘了把伞合上。

第二天早晨，她来到一家熟悉的饭馆里，又在一份报纸上看到了"逝世、逝世"的字眼，还有"损失""陨星"之类，都是可怕的词。她一下子难过起来，饭吃了一半就回到家里，接着乘了电车，找到唯一的朋友。萧红无数次在内心祷告：不可能的，一定是错了，消息是错的，这不可能的。

经过一番折腾，直到22日，日本靖国神社开庙会，萧红才证实了鲁迅去世的消息。前些日子，她还买了一本心爱的画册打算送给鲁迅的，而现在，这画册只好留着自己来看了。本来人活得好好的，和他一起吃饭仿佛还是昨天的事，临别时的叮嘱，也还这么亲切地在耳边响着，然而却说死就死了！

死亡是一件轻飘的事情，也就意味着这个世界上不会再有这个人的痕迹，他就像一缕青烟，散在风中，消失在世界尽头。这个世界同他再没有关系。

对于逝者，死亡是轻松的，而留给生者的，却是沉痛。

面对这样一个突然的消息，萧红感到愧疚，一别三月，竟没有给鲁迅一封信。

临走前，萧军说鲁迅身体不好，不要打扰他，于是约定一年内大家都不给他写信，免劳他作复。她没有细想，就应承了。

如今再来看，这样的做法酿成了她最大的遗憾。

她的毫无消息，也许会给他增加更多牵念，而她也没有机会抓住他在这个世界上最后的痕迹。来不及做一次隆重的道别，就已经天人永隔，今生不复相聚。

鲁迅去世前十四天，复信茅盾时还说："萧红一去之后，并未给我一信，通知地址……"这信萧红没能看到，大约至死也未必能看到，如果看到了，不知道该如何地痛悔！

在获悉鲁迅死讯之后几天开始，她的忧思更重，在一个月里不断地发烧。她总是回想着鲁迅对她的种种爱护、迁就和抚慰的情形，她在梦中反复呓语，重温那一份温情。在这世界上除了老祖父，再没有第二个人这样对待自己了，如今这样一个对她极其重要的人，又离开了她的生命。

她沉浸在深痛的悲伤里，听不到世界的声音，只得到心底悲伤的呼喊。她觉得脑子里有一个线团在纠缠着，非常混乱，眼珠里总是含着泪，轻轻一叹，也能惹出伤感的泪珠来。

在悲痛中，萧红给萧军写了一封信：

军：

关于周先生的死，二十一日的报上，我就渺渺茫茫知道一点，但我不相信自己是对的，我跑去问了那唯一的熟人，她说："你是不懂日本文的，你看错了。"我很希望是看错，所以很安心地回来了，虽然去的时候是流着眼泪。

昨夜，我是不能不哭了，我看到一张中国报上清清楚楚登着他的照片，而且是那么痛苦的一刻，可惜我的哭声不能和你们的哭声混在一道。

　　现在他已经是离开我们五天了，不知现在他睡到哪里去了？

　　……

红
10月24日

　　国内的刊物约萧红写回忆的文章，萧红告诉萧军，自己一时写不出，情绪太难处理，这是她心上一道永难愈合的伤口，每一次触碰都会血流成伤，疼到灵魂里。

　　后来，《中流》半月刊在"纪念鲁迅先生专号"上，就用了这封信，加上题目《海上的悲悼》发表了。

　　萧红的心里，一直被这个噩耗盘踞着。她写不出文章，沉郁的悲伤堵住了她手中的笔，灵魂没有了出口，蜷缩成一团，舔着伤口。

　　萧红时时惦念着许广平和小海婴，在长达一个月的时间里，几乎每封信都必然提及，不能自已地提起，足见她对鲁迅感情之深。

　　鲁迅一走，许广平也是命苦的人，失去了丈夫，自己一个人带着孩子，因此，在萧红心中，她觉得最痛苦的就是许广平了，她吩咐萧军说："既然住得很近，你可替我多跑两趟。别的朋友也可约同他们常到她家去玩。鲁迅没完成的事业，我们是接受下来了，但他的爱人，留给谁了呢？"

　　她就是这样一个女人，心细如尘，又敏感如丝，她体会到更多的痛，也同样能够体会更深的爱。她看任何东西，总是很透。

她想着给鲁迅出版全集的事，认为中国人收集中国人的文章总比日本人收集来得方便，而日文版的鲁迅全集11月份就可以出版了。这使她佩服不已，因之也更加焦急，她跟萧军说，要找胡风、聂绀弩、黄源诸人商量立即做起来。她觉得，自己应该为鲁迅做点什么。

萧红没有按约定的期限在东京住满一年，她提前回国了。此刻的她，已经归心似箭，再也容不得在东京驻足。

12月间，大约萧军曾经写信劝她归去，所以她虽在几封信里一连谈及，但是，声明还没有这个意思。当时，她的弟弟张秀珂已经到了上海。也就在这时，情势发生了变化，萧军再度坠入爱河了。是他的甜蜜再恋，却是她的晴天霹雳。

萧军在晚年承认说："那是她在日本期间，由于某种偶然的际遇，我曾经和某君有过一段短时期感情上的纠葛——所谓'恋爱'——但是我和对方全清楚意识到，为了道义上的考虑彼此没有结合的可能。为了要结束这种'无结果的恋爱'，我们彼此同意促使萧红由日本马上回来。这种'结束'，也并不能说彼此没有痛苦的！"

其中说的"某君"，就是离日返沪的许粤华。

萧军也同样有他的痛苦，在这期间一个人拼命地喝酒。黄源把他喝酒的情形告诉了萧红，她看不清他埋藏在深海的心，所以她也只能心系他的健康，这样对他说："听说，你近来的喝酒是在报复我的抽烟，这不应该。你不能和一个草叶来分胜负，真的，我孤独得和一张草叶似的。我们刚来上海时，那滋味你是忘记了，而我又在从头尝着……"

她一遍一遍地尝着苦。一片草叶，迷失在一程又一程的跋涉中。

大约启程回国前夕，萧军在信中向她坦陈了自己的隐情，对此，萧红表示出了唯"五四新女性"才有的理解和宽容。她说，发生在男女之间的爱情，只要是真诚的，哪怕带着点"罪恶"，哪怕对她构成了侵犯，她也是可以接受的。她崇敬真正的爱情，即便这种爱伤害到了她的感情。

在经受尘世一番又一番风雨后，她心中的智慧之光渐渐苏醒。漫漫前路，她将不会再度迷失。

拜谒鲁迅墓

1937年1月中旬，萧红回到上海。

第一次来上海，这里是异乡；如今再一次来到上海，却是归乡客。同样的地方，同样的风景，却再找不回当时的心情。所有的爱与伤愁，散在时光的长河里，随着浪潮奔流到海。

萧红和萧军把家从北四川路搬到吕班路，住进一家由俄国人经营的家庭公寓里。

吕班路是一个很幽静的地方，行人很少，周围一片静寂。弄堂里是一排西班牙式楼房，里面有些空房出租，房客大多是白俄人，还有许多文化人，包括一群东北作家都集中居住在这里。

安顿下来以后，萧红就去拜谒鲁迅墓。

阴沉的天气，如同萧红阴霾的心，沉甸甸的，却找不到一个发泄的出口。落叶簌簌地飘着，萧红和萧军一脸肃穆地走进万国公墓。在墓前，她看见了鲁迅的瓷半身像，看见了地面上许多已经枯萎的花束，但是她却偏偏觉得那花是美的。因为回忆似乎总是比现实珍贵。

四周长满了青草。她想象着，再过一些时日，墓草就将埋没了墓碑。

萧红将手中的鲜花轻轻放在上面，又在近旁拔了一株小小的花草，竖在墓边的泥土里。然后，她对着鲁迅墓深深鞠了一躬，低下头，默默垂泪。泪点破了心海，回忆一圈一圈地涤荡，使得她几近崩溃。

离去时，刚刚走了几步，她突然急转身，奔到鲁迅墓前，扑倒在地上，放声痛哭起。情感太深，也就没有了坚强的力气。

生活还是要过，未来的路还是要走，咽下悲伤的泪，她依然要更加坚强地走她的人生的。

回国以后，萧红的一头烫发又变成了平顺的短发，穿着也十分朴素，完全回到了过去的样子。发型和着装可以回到过去，可是时光易逝，难再倒回，她再也回不到过去的光景和心情。

她在文坛的地位也跟从前大不相同了。许多刊物向她约稿，许多活动请她参加，显然，她和萧军已经进入了名作家的行列。

开始时，她努力振作，看上去要比刚到上海的时候好很多，她一心都扑到了文学上。然而，似乎所有美好的时光总是太短暂。

萧红的心中始终放不下旧时光，哈尔滨时代是她一直难忘的时光，"牵牛房"的那段日子，始终是她心里一片抹不去的阳光。如果能回到从前那般单纯的境地里去，该有多好！她常常在心里这样念着、盼着、回忆着，却眼看着现实把回忆里的甜美梦境推倒。

许粤华怀了孩子，得做人工流产的手术。这样，萧军便忙着照顾她，无暇顾及萧红了。

文艺界的活动,萧军多是自己去应酬,编刊物也是以个人的名义进行的。他们不常在一起,作家白危在马路上见到他们,也是一前一后地走着,萧军大踏步走在前面,萧红在后面跟着,并排走着的情况很少。一对原本相爱的人,渐渐分离成了两个独立的个体,过程中的疼痛,也只有亲身经历过的人才能够懂得。

当两个人都各自独立,彼此的棱角会互相划伤。

张秀珂曾经回忆说,他经常见到两个人起冲突,而对于两人之间的冲突,萧红一直保持沉默的态度,即使对胞弟也不愿说出真相。

强者使用暴力,弱者作心理的抵抗,正是这样,两个人才能够得以维持表面完美的和平。

有一个日本作家来到上海,特别想见见许广平和一些进步作家,在一家小咖啡室里,聚集了萧军、萧红,还有另外几位。梅志、靳以……他们都见证了家庭暴力的事实。

萧红的右眼青紫了很大的一块,吸引了大家的注意。"怎么啦,碰伤了眼睛?"

"我自己不加小心,昨天跌伤了。"萧红平淡地回答,又补充说,"黑夜里看不见,没关系……"

"什么跌伤的,别不要脸了!"萧军在一旁得意地说,"我昨天喝了酒,借点酒气就打她一拳,把她的眼睛打青了!"

"不要为我辩护……我喝我的酒……"他就是这样的决绝,完全不给她为他辩护的机会。

萧红的眼中充满了委屈的泪水,一份感情,走到了如今的境地,怎么能不让她伤心?

萧军是个决绝之人,爱的时候,情深意切,舍尽生命地待她。

然而，当爱随着岁月逝去，他便匆匆撒手，不留半点情分。

萧红，从爱，到伤害，都一分一分地用力承受。

这样一对角色，似乎是浓缩了世间不少眷恋的影子。

时间仿佛倒退到一年以前，萧红又常常一个人往许广平那里跑。然而，这个时候，鲁迅已经不在了，她也不再是从前的那个萧红了。物是人非，她无法回到最初，她只能在这份越走越冷的感情里，体味亘古的荒凉。

她一去，又是一坐半天。她的痛苦，只能向许广平一个人倾诉。这时，许广平就像母亲一样，安慰她，让她在跟前慢慢地舔自己的伤口。当她诉说着的时候，有时遇到梅志进来，也并不避忌。

朋友们都知道，对于二萧之间的感情事，他们也是无力回天。情易逝，人还在。他们劝慰萧红，希望她珍惜身体。

朋友们的劝慰，萧红当然是很感激，然而，内心的伤痛依旧无法抹平。

快乐的时光总是那么的短暂，痛苦的时光总是会被恶意地拉长。萧红只能独自度过这段难熬的日子。

她尽量让自己沉浸在写作中去。专注到另一件事中，心中的愁苦偶尔也能放一放。想法是好的，可是每当提笔写到一些感性的情节时，她又不自觉地会想起来，情绪时不时地在心中涌动，痛苦堵住了她的胸口，闷得她好似要难以呼吸。这时候，她会从屋子里溜出来，像一个无主的孤魂，在街上游荡着，任周围人声车声从耳畔掠过，任一段段街景从眼风中流走，她荒凉空旷地望着远方，穿越时光，走进回忆里……

萧红并不怨恨许粤华。一是鲁迅逝世时，许粤华同胡风、黄源、周文和萧军等一起值夜守灵，从她以雨田的笔名发表的纪念鲁迅的文章来看,她对鲁迅的理解也很深刻。二是在日本时她对自己也关爱有加。

一天,萧红到黄源家去,正好遇见萧军在同黄源、许粤华夫妇说话。但是,萧红一出现,他们的谈话就突然停止了。萧红向许粤华招呼道:"这时候到公园里去走走多好呀!"见到许粤华躺在床上,窗子敞开着,她说:"你这样不冷吗?"说着,要把大衣给她披上,黄源忽然说道:"请你不要管。"

萧红沉默,心中却很不是滋味。

她想:这和我有什么关系呢?因为气恼萧军,竟然拿我出气。可是,我们之中谁和太太们的友谊不是建立在做丈夫的朋友身上呢?谁不是一旦和朋友决裂,就连同太太作为一体而摈弃的呢?

萧红忽然看清楚了自己作为男人的附属物而存在的事实,心里涌上了一种悲凉。

她同萧军的爱,经历了种种辛苦,好不容易得来,因此,她心中一直有一种不灭的信仰,就算是在日本时,对于和萧军的爱,萧红还有些自信,总以为他们的爱,在苦难里已经融为一个整体,不会轻易被割离。生生割离的剧痛,她不能承受,而萧军应该也同样如此。所以萧红回来,她想展示自己的独立,希望自己曾经选择的男人也同样地选择她,而且无悔于这种选择。这是她的自信,也是她的性格。她相信萧军会欣赏这样一个独立的自己。

然而,情运难测,她所有关于萧军的爱的幻想一一幻灭。萧红终于发现,萧军没有悔意,他不但不爱她,甚至连起码的尊重也没有。爱已从指缝中流走,摊开手,满是伤痕。

萧红始终还是没办法公开决绝地与萧军分手,她还是没办法承受这样隆重正式的分离。然而,情已至此,已经无法再继续,进退两难之间,她选择了逃离。

她想去北平住一段时间再作打算。总之,她要离开上海,离开萧军,以及他的朋友们!

她把前往北平的想法正式向萧军提了出来,至于理由,仅说是出于怀念而已。从此刻开始,她好像变得不那么坦白了,经历了太多伤害之后,她已经渐渐学会保护自己,将自己的心事藏匿起来。

萧军虽然对北平的印象并不算太好,但为了弥补对萧红的过失,也就同意了她的决定,让她先到北平,自己随后再到。

近期他虽然变得粗暴,但是旧情旧事,他是不能不系念的,他想,陪萧红在北平住上一段日子,或许会生出一点感情来,至少两个人的关系不至于弄得太僵。

只身前往北平

　　一阵汽笛鸣响，火车轰轰而动，萧红靠着窗，看着远方的天际，满眼的伤感愁肠。

　　她不敢回望。离开一座愁城，就算是告别一段愁情，这是她所愿望的，回头探望，除了徒增伤感，已经再无任何意义。

　　虽然未来是一路的迷茫，但也好过一段伤愁过往。所以，她选择一直向前。

　　萧红，这个尘世里的浮萍，在感情的吹动下，流转向了另一座城。

　　一重重山山水水，一步步人生歧路，她来到北平，前程未卜。

　　落地北平之后，萧红先到中央饭店住下。然后，她按萧军给的地址去找他讲武堂时期的一位周姓同学，辗转多处，却是人影空空，无迹可寻。萧红开始寻她的旧居，那个曾经给她梦想、快乐和忧愁的地方。萧红匆匆赶去，一路上回忆不停地撞进脑袋里，一幕幕，都是那样清晰，如水般的光粼岁月，如花般的青春好梦。一路想着，她的步子也就越发轻盈。然而，等到了那里才发现，已经改成一家公寓了。物是人非，光年不在，她有的，只剩满心的回忆了。

　　萧红有些迷茫，所有美好，都只能在回忆里翻看，那么她的未来又会在哪里？

　　萧红又去找了姓胡的旧同学，而旧友已经远嫁他方……萧红失落地转身离去，风沙扬起，迷了她的眼，不经意地揉出泪。萧条的街景，萧索的人心，到处是一种破落的荒凉。一抹艳艳红影，在风沙漫天的人生歧路，孤独地行走……

　　还能去哪里？不觉间，脚步已经走到了学校。萧红立刻想到了李镜之，在他的家里，看到了他的一大群儿女。他带着萧红去找李洁吾，这时，李洁吾已经做了父亲，有了一个周岁的女儿了。

　　旧友相见，免不了一番热切攀谈。

　　在李洁吾的帮助下，萧红住进了灯市口一家叫北辰宫的旅馆。房间不算好，房租却贵。没有满意的住处，萧红也难以安下心来。

　　原本一片阴霾的心，在连日里的沮丧和失落中，更加痛了。所有郁结的情绪，在心海里狂啸，却找不到一个出口。

　　在她心中唯一想要诉说的人，是萧军。可提起笔来，却又不知道自己该不该去向他倾诉。犹豫之下，她还是把信写了下去。一字字，她诉着心中泪。

　　在信中，她说："我一定要工作，工作起来，就充实了。"对她来说，工作确实是最重要的，然而她无法实行。她努力取悦自己，在同一天，看《茶花女》的电影，读《海上述林》，但她说："心情和在日本差不多，虽然有两个熟人，也还是差不多。"其实，比在日本时差得远了。时间才过了一天，即5月4日，她写给萧军的信简直是一场哭诉：

　　　　我虽写信并不写什么痛苦的字眼，说话也尽是欢乐的话语,但我的心就像被浸在毒汁里那么黑暗,浸得久了,或者我的心会被淹死的。我知道这是不对的,我时时在批判着自己,但这是情感,我批判不了,我知道炎暑是并不长久的,过了炎暑大概就可以来了秋凉。但明明知道,明明又做不到。正在口渴的那一刻,觉得口渴那个真理,就是世界上顶高的真理。

这几天我又恢复了夜里害怕的毛病,并且在梦中常常生起死的念头。痛苦的人生啊!服毒的人生啊!

我常常怀疑自己或者我怕是忍耐不住了吧?我的神经或者比丝线还细了吧?

我是多么替自己避免着这种想头,但还有比正在经验的还更真切的吗?我现在就正在经验着。

我哭,我也是不能哭。不允许我哭,失掉哭的自由了。我不知为什么把自己弄得这样,连精神都给自己上了锁了。

这回的心情还不比去日本的心情,什么能救了我呀!上帝!什么能救了我呀!我一定要用我那只曾经把我建设起来的那只手把自己来打碎吗?

痛苦的人生,服毒的人生,她在信中竭力嘶喊。字字是泪,声声啼血,被痛苦浸泡的萧红,渴望着救赎。自己亲手带上的灵魂的枷锁,枷住了自由,甚至是连哭泣的自由也没有了。敏感的神经无数次地伸展,渴望汲取幸福,然而一次次得来的却是满心痛楚。迷茫的路上,她始终没有见到救赎的光,有的只是一次次更痛苦的经历。

萧军算是及时给萧红复信的,他的字句,总是能轻易地勾出萧红的泪。萧红每读一封他的信,就要哭一次,而且,几次写好了复信,都没有寄出。

沾了感情的事物,总是会牵动人的情绪,而爱得深的人,总是能掌控人的喜悲。

萧红流泪,是因为他是她心底始终放不下的牵挂。他每一个字,每一丝情绪,都还在她的心里。

爱过几番,恨过几轮,他们曾经结成伴,一起蹚过天真,一起逃出岁月苦海沉沦。不管未来怎样,他们彼此始终是占据了对方生命里的一部分。沉淀下来的不管是爱恨情怨,他们注定了都是彼此今生一个特殊的人。

在5月6日发出的信中,萧军说他一时烦乱的心情已经过去,有了工作的欲望。几日来,他把整部的精神沉浸在读书里,正在读托尔斯泰的《安娜·卡列尼娜》,发现里面的渥伦斯基,好像是在写他。他告诉萧红:《说报》上说,女人每天"看天"一小时,一个星期会变得像婴儿一样美丽!信中还建议萧红计划长篇或"印象记"的写作。此外,还报告说他正在学一种"足声舞",准备学好了将来教萧红。萧军的信中,多是一些美好的展望。

9日,萧红复信。她说:"你来信说每天看天一小时会变成美人,这个是办不到的,说起来很伤心,我自幼就喜欢看天,一直看到现在还是喜欢看,但我并没变成美人,若是真是,我又何能东西奔波呢?可见美人自有美人在。"

美人何在,他盼她成为一个快乐健康的美人,而她偏偏是一个在苦海里沉沦的孤女。

她心里的结不但没有解开,反而因"美人"一词的刺激给打得更紧了。她说得很含蓄,但也自知这话的重量,不愿太多地损伤萧军,于是在这话的后面加了一个括号,添上这样一句:"这话是开玩笑的。"但她接着便说,"我离开上海半月多了,心绪仍是乱绞,我想我这是走的败路,但我不愿多说。"在同一封信中,写到最后,萧红禁不住用了讥讽的语调,发泄久积的怨愤:

> 我的长篇并没有计划,但此时我并不过于自责。"为了恋爱,而忘掉了人民。女人的性格呵!自私呵!"从前,我也这样想,可是现在不了,因为我看见男子为了并不值得爱的女子,不但忘了人民,而且忘了性命。何况我还没有忘了性命,就是忘了性命也是值得呀!在人生的路上,总算有一个时期在我的脚迹旁边,也踏着他的脚迹。总算两个灵魂和两根琴弦似的互相调谐过。

最后一句话写下来,又被她用笔划掉,然后加了一条附注:"这一句似乎有点特别高攀,故涂去。"欲说还休。

情有多深,恨就有多深。在幸福与痛苦的情感天平上,他摘下了给她幸福的砝码,她不幸地堕入了痛苦的一端。她是多么看重和留恋这曾经有过的两人之间的调谐,她视萧军为命运的恩遇,在她痛苦无助的时候,萧军给了她一段难得的爱情,带着她一同走出苦寒的岁月。但如今曾经过往,只剩一声叹息。

萧军晚年曾写道:"如果按音乐作比方,她如同一具小提琴拉奏出来的,犹如肖邦的一些抒情的哀伤的,使人感到无可奈何的,无法抗拒的,细得如发丝那样的小夜曲……"

当爱成了回忆,曾经的琴瑟合鸣,也就变成了各自高歌一曲,再也不复当年同音同弦。如梦一般，成了如花往事。

一把孤独的琴，再也演绎不出欢快幸福的曲调，只能在寂静的留念里，默数哀伤如水。

舒群年初便来到了北平，住在沙滩的北京大学宿舍里。听说萧红来了，非常高兴，即刻到李洁吾家里找她。随后，他们和李洁吾的太太一起游了北海。

踏着海浪，吹着海风，她无数次地想，就让海风将满心的忧愁吹散，该有多好。

舒群经常来找她，有时一起去中山公园散步，看美国明星嘉宝主演的好莱坞电影，去听富连成小班演唱的京戏，或者去逛逛王府井大街和东安市场，去吃东来顺的涮羊肉。

如此一来，生活丰富了起来，气色也是好多了。在朋友的眼中萧红俨然是个坚强的女子的。

舒群注意到一个细节，每逢路过儿童服装店的橱窗，萧红便踌躇不前。她的眼睛里透着哀伤。舒群猜测，她是想那个失掉的孩子。

萧红用尽方法来驱逐心中的悲伤。在舒群的陪同下，他们还一道游了长城。

遥遥万里长城，尽显雄浑而壮阔，站在长城之上，远远望去，心中定会生出一番豪情。

这伟大而悲壮的风景，震撼了萧红的灵魂。萧红觉得自己非常渺小，自己的悲伤和喜乐更是如此。在苍茫的历史中，她只是那渺渺一粟。也许该要放下心中的包袱，让过去过去，让未来到来，真正的从灵魂深处坚强起来。

多少人，爱过、伤过、痛过之后，下定决心要走了出来，然而，当那个你深爱的人，那个曾经深深伤害过你的人忽然轻轻对你说一句，想你了，需要你，又有多少人会奋不顾身地再回头？

就算是飞蛾扑火，也是爱不够。

15日的信刚刚发出，就收到萧军12日发来的信。信中说他连夜失眠，恐要旧病复发，如萧红愿意，请束装返沪。

萧红当即动身离京。原因很简单，他需要她。所以，不管曾经他给她多少伤害，不管他是否还是像从前一样爱她，她还是会不顾一切地回到他身边。

萧红来和舒群匆匆地告别了一番，萧红把鲁迅用红笔修改过的《生死场》手稿送给了他。对于萧红来说，她十分珍视这一段友情。

萧红再一次回到上海，又是一番新的感受，她焦急地盼望见到萧军，她满心里都装满了对他的惦念。因为他的一声召唤，她仿佛觉得爱又复燃了。果然，再回到上海之后，萧红同萧军的关系相对稳定了很多。

更有一件事，使得萧红心情大好，因为，在5月间，她的一个短篇散文集《牛车上》出版了。其中，主要收入旅日期间的作品，这也使她得到不少精神上的慰藉。

隐约中，似乎有了雨过天晴的气息。

民族战争时的热火岁月

1937年7月7日。民族战争掀起了新的一页。

8月12日夜晚，鹿地亘的夫人池田带了一只小猫来萧红家，告诉他们日本即将开战的消息。第二天清晨，鹿地亘就来了。他证实了池田的话,用中国话夹着日本话,一边打手势,一边讲述目击日军开枪射杀的事实。他说:"日本这回坏啦!一定坏啦……"

次日,他们搬到许广平家里去住。在萧红这边不方便,邻居知道他们是日本人,还有一个白俄人在法国捕房当巡捕,街上打间谍,日本警察曾经到他们从前住过的地方找过他们。在两国的夹攻之下,他们的处境非常危险,随时有可能陷进去。

萧红去看他们时,鹿地亘劝她参加救亡团体,鹿地亘还说他们现在在写文章,以后还翻译成别国文字,有机会还要到世界各国去宣传。

他的一切言行,萧红都看在眼里,她觉得他们俨然变成了一个有血有肉的中国人,这使萧红十分感动。因为,当下有许许多多流着华夏民族血的人在干着卖国的勾当,而这对日本夫妇却在拯救中国于水火之中。感动之余,她又觉得格外地讽刺。

两三天过后,萧红又去看他们,他们已经不在了。许广平说,他们前一天下午一起出去以后就再没有回来,至于去了哪里也不知道。一连几天,萧红都在打听他们的下落,然而一点消息也没有。

一个月以后,萧红正在家里准备午饭,有一个从前认识的人进来,告诉她说,鹿地亘夫妇昨夜又回到了许广平家里。萧红听了,正在替他们高兴,但接着听他说下去时,就不禁痛苦起来了。他们在别人家里躲了一个月,那家人非要赶走他们不可,因为住着日本人,怕被当作汉奸看待。住在许广平家里是很不便的,外界已经谣传她家是一个能容二三十人的机关,而且她又正做着救亡工作,怕被日本暗探注意到。

在萧红的帮助下,最后把他们安排到了一个德国医生处。

在那里,没有人敢去看望他们,只有萧红和萧军常去,萧红去得最多，这使在寂寞和恐怖中度日的鹿地夫妇非常感激。

那天，按约定的时间萧红迟到了，池田不在屋里。鹿地亘见到萧红，立即在桌上摸一块白纸条，摇摇手之后在上面写着："今天下午有巡捕在门外偷听了，一下午英国巡捕、中国巡捕，从一点钟起直到五点钟才走。"萧红最受感动的是，他在纸条上写着"我已决心被捕"。

那时候，他们已经断绝了经济来源，证明书还没有消息。在租界里，日本是有追捕日本或韩国人的自由的。然而，要脱离租界也不行，到了中国地面，又要被中国人误认为是间谍。

萧红感到，他们的生命，就像系在一根线上那么脆弱。

萧红当即做了一个十分大胆的决定，她要把他们的日记、文章和诗，包在一起带回家里保存。这样一来，他们帮助中国的事情，就没有了证据。鹿地亘为此非常感动。

萧红去世以后，许广平在一篇追忆文章中特别提到萧红为鹿地亘夫妇所做的一切，把这称作"一件侠义行为"。她写道："在患难生死临头之际，萧红先生是置之度外地为朋友奔走，超乎利害之外的正义感弥漫在她的心头，在这里我们看到她并不软弱，而益见其坚韧不拔，是极端发扬中国固有道德，为朋友急难的弥足珍贵的精神。"

萧军晚年回顾他与萧红的关系时说："我爱的是史湘云或尤三姐那样的人，不爱林黛玉、妙玉或薛宝钗……"

萧红确实有着林黛玉般的脆弱、善感的一面，但也有着史湘云、尤三姐的倔强、刚烈、侠义的一面。

她对鹿地亘夫妇的救助，本不是一般柔弱女子会做的。在关键时刻，许广平看到而且惊叹她身上发出的炫目光彩，而萧军，这个她深爱的人，却始终看不到。他看到的只有她所有的不好，她的孤傲，她的脆弱，她的懦弱……

当她的好不再是好，当她的光不再在他的眼中映现，也便不需要再多言辞的离别。因为，在灵魂上，他们已经不再是一对爱侣。已经生生分离成了两个人。曾经爱过，现如今各奔向天涯。

战争不断，中国人民群情激奋，在国仇家恨面前，萧红也暂时将她个人的情感放下。

金剑啸殉国的消息传来，萧红深感悲愤，随即写成悼亡诗《一粒土泥》，接着，又写下《天空的点缀》《火线外》二章——《窗边》和《小生命的战士》，都是燃烧的火一样的文字。字字烫心，句句热泪。

萧红还有一个最重要的工作，是参与《鲁迅先生纪念集》的编辑事务。她希望尽力把新闻报道收集得更齐全些，校订得更精准些，把属于自己的部分做得更完善些，不要留下遗憾。做这样的工作她愿意十足，这可以让她一次次地回忆着那些温暖往事。

上海战事发生以后，许多刊物停刊了。胡风计划筹办一个刊物，约请萧红和萧军等一些作家商谈，端木蕻良也在其中。关于刊名，胡风原先拟定为《抗战文艺》，萧红建议改为《七月》，既有象征意味，又有诗意。最后，萧红的建议被采纳。然而，命运周转，好景不长，上海即将沦陷，《七月》半月刊出版了三期即告停刊。胡风决定将刊物迁至武汉，并邀请其他同仁也迁往那里，坚持将刊物办下去。

萧军和萧红最先撤退。9月28日，他们从上海西站乘火车出发了。又一次离开，两个心中各有感慨。

下了火车，萧军和萧红转坐轮船，驶往江汉关。

入关前，要进行例行的检疫。当检疫船靠近时，他们意外地发现检疫官是哈尔滨时代的朋友于浣非。他是东北人，也写诗，笔名宇飞。通过他的介绍，他们认识了船上的一位诗人蒋锡金。

蒋锡金是江苏宜兴人，1934年到武昌，在湖北省农村合作委员会任职。抗战开始以后，在汉口与冯乃超、孔罗荪合编《战斗》旬刊，又与穆木天合编《时调》半月刊。

宇飞告诉蒋锡金，他们就是萧军和萧红，要在武汉长住，由于太多难民涌到武汉，住房紧张，问蒋锡金有没有办法安置。蒋锡金当时还没有读过两人的成名作《八月的乡村》和《生死场》，但他们的名字是知道的，在上海一些刊物上也读过他们一些文章，多少有点惺惺相惜的味道，于是答应把卧室腾出来给他们住，自己住书房，而且不收房钱。这样的盛情相助，对于萧红和萧军来说的确是一件天降的喜事。

萧军、萧红随即搬进了蒋锡金在武昌水陆前街小金龙巷21号的寓所。萧红庆幸，也有些迷惘。她内心深深地明白，在武汉，她一样只是个过客，这里并不是她最终的归处。然而，未来她将去哪里，她不知道。前路迷茫，每一个正在成长的人都会经历这种心情。

三个人在一起生活，互相照应着。萧红忙完家务，正好利用书房的桌子写作。这时，她写的是一部伟大的心灵史：《呼兰河传》。

第一部才进入第二章，蒋锡金读了，惊异于框架的宏大、调子的舒缓、乡情的深阔，仿佛无须河岸、码头，登船就立即到了茫茫海面，既不见人物，也迟迟不见情节发生。他不知道萧红将怎样写下去，但是告诉她，他心中是充满着狂热的期待，他是非常喜欢这样的作品的。他要萧红一定要写下去。

这时她的另一个知音张梅林也来到了武汉。他住的地方离小金龙巷不远，所以常来看萧军和萧红。

三年不见，张梅林发现萧红的脸色似乎比以前白净和丰满些了，握手也是西洋式的：侧着头，微笑着，伸出软垂的手。

接着，端木蕻良也来了。萧军与端木蕻良是辽宁老乡，是他写信邀端木蕻良前来的。他的热情有点过，端木蕻良来的头一个晚上，萧军甚至邀他同睡一张床，三个人一起过夜。蒋锡金觉得这样很不便，第二天到邻家借了一张竹床、一张小圆桌，让端木蕻良住进书房里。

从此，房门钉上了一张卡片，写着三个人的名字：萧军、萧红、端木蕻良。

张梅林初次见到端木蕻良，印象很深刻。长头发，背微驼，脸色黄白，声音嘶哑，穿着流行的一字肩的西服，还有长筒靴子。他走了进来，从瘦细的手上除下棕色的鹿皮手套，笑着对萧红说："我的手套还不错吧？"

萧红试着戴上那手套，率直地大声嚷着他的手真细呀！

萧军坐在一张木椅上，听了哈哈大笑。

这是萧红许久以来最忙碌，也最感快乐的日子。忧愁渐渐地被冲淡了，她的心情也渐渐明朗起来，状态也恢复得很好。

她参加了蒋锡金为电台组织的诗歌朗诵活动，出席《七月》同仁的聚会和座谈，在家里忙大家的饭食、洗衣服，只要有空隙就写她的呼兰河。当时的萧红无法预知这一部《呼兰河传》会给她带来怎么的影响，但是，内心有一种强烈的声音在告诉她要将这部作品写下去。仿佛是呼兰河的召唤，仿佛是命运的催使……

《呼兰河传》以闭塞的呼兰城为背景，展示了那里的风土、民俗和居民的生存状态、思想性格。那里，有明亮的天空、美丽的后花园、慈祥可爱的老祖父和自由自在的童年，是"凡在太阳下的，都是健康的、漂亮的，拍一拍连大树都会发响的，叫一叫就是站在树对面的土墙都会回答似的"；也有荒凉、贫穷、冷漠、愚昧和野蛮，人们顺应自然、依附土地、信仰鬼神，不允许有任何个性、差别和改变，扼杀一切不驯与生机是全体居民共同的责任，而做这些又完全没有恶意甚至是出于善意。十二岁的小团圆媳妇，仅仅因为"太大方了""不像个小团圆媳妇"，就被烧红的烙铁烙脚心，被吊在大梁上用皮鞭抽，打出毛病后又被视为有鬼怪附身，被当众剥光衣服，放到热水缸里烫三遍又用冷水浇三遍——而这一家人在当地是出了名的善良，"为人谨慎，兄友弟恭，父慈子爱"。

呼兰河上，这里有她最美的梦，最深的痛。

萧红和萧军、端木蕻良经常在一起开怀畅谈，而遇到蒋锡金不出去的时候，四个人就更加热闹了。他们有时就起兴唱歌，唱中国的歌、外国的歌，萧军还会唱京戏、平戏和大鼓书。或者跳舞。萧红和萧军都会跳却尔斯顿舞，还会跳萨满舞。

热闹的气氛里，萧红变得鲜活起来，她不再是那个满载悲愁的女子，而可以大声地欢唱，开怀地欢笑。

快乐时光

所有美好的故事都将在光阴的里逝去，同样所有苦难终将过去，当萧红再展笑颜的时候，那些带给她无数伤痛的过往都只是一种成长的历练。再深的苦难，都能一笑而过。

几个人在一起，有时候也会讨论文艺问题，也讨论时事。

有一次，萧军提出一个问题：什么样的文学最伟大？大家闲聊了一通，他忽然发表了一个理论，说是在文学作品中，长篇小说最伟大，中篇次之，短篇又次之；剧本要演出来看，不能算，至于诗呢，那最不足道了！他接着联系在座的人，举例说：他写长篇小说，最伟大。恰好端木的长篇《大地的海》在江上被炸掉了，所以要写出来再看，萧红也要写长篇，但依他看，没有写长篇的气魄，锡金写诗，一行一行的，像个什么？他翘起了个小指头，故意往锡金脸上晃了晃，"你是这个！"

蒋锡金懂得萧军在逗乐，没理会他。

让人想不到的是萧红认真起来了，和端木蕻良一起同他争论。

萧红最激烈，用许多理由驳斥他，也说了些挖苦的话，端木蕻良不搭他的话，却同萧红唱和起来，绕着弯子说萧红有气魄。

渐渐地，争论甚至即将演变成吵架。还好，在这时，胡风来了，他问大家吵什么，问明白之后，笑了笑说：有意思，你们说的都有合理的地方，不妨写出来，《七月》下一期可以出一个特辑，让读者参加讨论。又说，刊物要发稿了，你们赶快写出来，三天后我来取。

三天以后的上午，胡风来取稿，除了萧军，其他人谁也没有写。胡风坐在蒋锡金的床上翻阅萧军的稿子，边看边点头，说："对呀，对呀！"大家感到惊讶，问怎么能说对呢？

胡风于是开始念稿子，萧红一听气坏了，大叫道："你好啊，真不要脸，把我们反驳你的话都写成你的意见了！"说着就哭了。

萧红边哭边握拳狠狠捶他的背，萧军弯腰笑着让她捶，说："你们要打就打几下，我不还手，我还手你们可受不了！"

容若说：人生若只如初见。

初见之美，无与伦比。当初见变成了回忆，经年之后，打开记忆的闸门，那一份初见的回忆会历久弥香。

有争吵，也有欢乐。这样的日子，是让人留恋的美景，也终将沉淀在几个人的回忆里，浓缩成一张张泛黄的照片，待到未知的某天，各自回忆。

有一天，女漫画家梁白波到小金龙巷来找蒋锡金。梁白波是广东人，蒋锡金少年时的朋友。20世纪20年代她在上海中华艺大学习艺术，后远走南洋，20世纪30年代初回到上海，为《立报》画长篇漫画。抗战爆发后，她参加叶浅予率领的漫画宣传队。她和叶浅予是公开的同居关系，这时叶浅予还在南京，她则随宣传队先到了武汉。

蒋锡金把她介绍给萧红、萧军和端木蕻良认识了。她进门就注意到墙上钉的萧红的风景画，随即表示欣赏，和萧红谈起了艺术。萧军停下他的写作，也加入了他们的座谈。其实，萧红和萧军对梁白波这样热情，还因为她是"鸽子姑娘"。这称呼是已故的朋友金剑啸告诉他们的。她和金剑啸在上海学画时相识，感情非同一般，金剑啸回到北国以后，还写过一些怀念她的诗篇。加上这样一层关系，大家对梁白波就更亲近了。

大家谈得很高兴，梁白波提出想搬到这里同住。

萧红和萧军即刻表示欢迎，然而蒋锡金倒为难起来：总共只有两间房，再来一个人的话，很难安排。

一番周折房间只得重新安排：把端木蕻良的行李搬到萧军和萧红的大床上，三个人共睡一张床；端木的竹床让给梁白波。

鸽子姑娘看来是一个活泼的人，又爱美，住下来以后就和萧红一起重新布置房间。她从箱子里取出一块方格子花纹的绸子，蒙上小圆桌做台布，又掏出一个瓷瓶和一个陶钵，说是用来插花和存放烟头，不许男人随地乱扔，俨然是一位新来的主妇。

萧红做饭和洗衣服她也插手，还计划着要买这买那，颇有点要长期居住的样子。

梁白波搬来以后，这里更热闹了，也打乱了原先的秩序，至少对于萧军来说是不合适的。好在没有多久，叶浅予来到武汉，这个鸽子姑娘同他一起走了。

一切回到了最初四人在一起的样子，但是，有些事情却是在悄无声息地变化着。

胡风住在武昌小朝街他的朋友处。这是一栋花园洋房，周围爬满了蔷薇花藤，种着松柏和各种树木，非常幽静。《七月》的同人常常借主人的客厅开座谈会，梅志称这里是"《七月》的摇篮"。

萧红他们的住处离这里不远，是常来的客人。对于他们，梅志记忆中有两处鲜明的印痕。一是发现了一个真正的萧红。这时萧红的身体比过去结实多了，脸色不是青白的，而是白里透出红润。她总是昂着头，眼睛也发亮了，神采中有一种自信和豪迈。和从前那个病弱的萧红判若两人。她的灵魂越发闪亮。

在梅志的印象里，还有一个比较深刻的记忆就是，萧红、萧军和端木蕻良，这三个人在一起的时候总是吵吵闹闹的。

萧军和端木蕻良喜欢争论。有一次，一个自比托尔斯泰，一个以巴尔扎克自诩，吵得不亦乐乎。最后萧红出来调停，他们立刻休战了。但是，有一点很奇怪的是，只要是萧红和萧军两个人吵架的时候，端木蕻良就会坚定地站在萧红这一方。

旁观者已经明了，在两个男人中间，萧红的心暗暗偏移了，甚至连她自己都没有察觉到。

但是，萧红的情感倾向却是在情理之中的。

端木蕻良不只是尊敬萧红，而且大胆地赞美萧红作品的成就超过了萧军。这正是萧红想要的。她要的不是对她的作品的廉价谀词，而是希望对包含她的社会特性在内萧军所轻蔑的一切，给予必要的理解、尊重和平等看待。

世间最大的幸运莫过于，一个人给予对方的，正是对方所需要的。这是最完美的契合。而如今，走过一重重山水崎岖的萧红如此幸运地遇见了这样一个人。

1937年底，因为一些原因萧红、萧军、蒋锡金三个人搬出去以后，小金龙巷就只剩下端木蕻良一个人。

据端木蕻良晚年在一次访谈中所述，此后，萧红和萧军还经常回来聚谈，有时两个人在一起，有时萧红自己来，几个人一直维持着良好关系。那样的温馨岁月，给端木蕻良留下了永生难忘的回忆。

有一次，萧红邀端木蕻良到江边的小饭馆吃饭、赏月，谈创作，甚至讲到萧军在上海时有外遇的事。

还有一次，端木蕻良出去办事回来，看到桌子上铺着纸，知道萧红又来练字了，这回写的是唐人张籍的诗："君知妾有夫，赠妾双明珠。感君缠绵意，系在红罗襦。妾家高楼连苑起，良人执戟明光里。知君用心如日月，事夫誓拟同生死。还君明珠双泪垂，恨不相逢未嫁时。"最后一句重复练习了好几次。

"恨不相逢未嫁时"，短短一句诗，却诉说了多少人间痴男怨女永生的遗憾。

错的时间，遇见对的人，始终还是错。

一字一句化在笔端，染出墨泪。也许当时萧红无意，却不可否认，这是她心底的一种情绪，无论她察觉与否。

有些情感就是这样，等到你发觉了，已经难以复收了。

萧军有时也到屋里来，有一次提起毛笔写诗，边写边念："瓜前不纳履，李下不整冠。叔嫂不亲授，君子防未然。"

还写了"人未婚宦，情欲失半"八个大字。萧红见了笑道："你写的啥呀？你的字太不美，没有一点儿文人气！"萧军瞪了她一眼，说："我并不觉得文人气有什么好！"

且不论这样的对话真实与否，但是，有一种难以诉说的情愫已经开始搅扰萧红的心。

萧红越发地渴望爱与温暖，她的情感渐渐有了一种新的倾向。

然而，此时的萧红，依然没有将萧军彻底抛下。站在天平的两端，任何取舍，都使她为难。

1937年底，阎锡山在临汾创办了山西民族革命大学，自任校长，李公朴任副校长。1938年1月，李公朴等从山西来到武汉，延聘一批有名气的文化人到临汾任教。《七月》同人的七个人，除了胡风要留守编辑刊物外，其余的六人——萧军、萧红、端木蕻良、艾青、田间、聂绀弩，都愿意到临汾去。他们将个人的感情完全放下，投入到民族革命中去。

又是离别的车站，萧红的过往人生中已经无数次地经历了这样的场景。以往的离别，总是在心中载满了伤感的情绪，而这一次，却完全不同。萧红的情绪十分高涨，已经冲散了一切离别意。

胡风、蒋锡金和孔罗荪到车站送行。

天色墨黑，站台上布满了蜂群般的人。一排排，一圈圈，黯淡的灯光照耀着，人们彼此看不清面孔。人潮攒动，汹涌如潮。

她在渴望回到那告别已久的北国的冻裂的土地吗？在向往着未来的火热的日子吗？还是为眼前的集体的热情所感染？总之她很兴奋，涨红着脸，披着她的毛领呢大衣矫健地走着，只是后来上车时，发现坐的是货车，才略微感到惊讶。但是，她并不计较这些，她不觉得行动中有什么不正常，一切是如此美好。

萧红的目光一直伸向远方，她坚定着未来的路，坚信着未来的信念。

临汾之别

临汾,又是一座陌生的城市,陌生的面孔,演绎着陌生的故事。

在民族革命大学里,萧红和萧军担任着文艺指导,他们同其他人一样分散住在老乡家里。

每天清早,全体师生为短促有力的军号声召集到一起,跑步、操练,唱《救国军歌》,展开各种训习。二月的天气很寒冷,学校的气氛却紧张而热烈。这是一种很特殊的经历。在这里,同学生活在一起,又勾起了萧红的许多回忆。当年,她也曾同这些学生一样,热血沸腾地奔走于救亡运动,而多年后,经历了尘世周转,经历了人生起起伏伏,她对祖国的热情依然还在,只是,如今的萧红,更加理智,也更加从容。

不久,丁玲带领着西北战地服务团,从潼关来到临汾。

还在上海的时候,萧红就向东北老家来的朋友高原说过,很想参加抗战服务队之类的组织。而今,服务队到身边来了,而且丁玲就跟她住在同一间屋子里,真是一种奇遇。萧红心中是无比激动的。

丁玲对萧红的印象也是尤为深刻的,萧红这样一个人,让人敬佩,又惹人怜惜。

丁玲回忆起来,觉得非常遗憾,尤其后悔对萧红的关心太少,使她离开了一个富有朝气的集体,过早地失去了健康,甚至生命。

萧红给丁玲的第一印象是特别的:苍白的脸,紧紧闭着的嘴唇,敏捷的动作和神经质的笑声,还有自然而直率的说话。她说,萧红唤起了她的许多回忆。这大约是说，萧红身上保留了她未经残酷的斗争环境所改变、所异化的、自由的、个性主义的东西，保留了莎菲女士及其朋友们的那份纯真和勇气，保留了"五四新女性"的许多时代性的特征。

她一方面希望萧红能够到延安，平静地住上一段时期，致全力于著作，但是另一方面又不满于客观环境的险恶，预言萧红即使活着，也还会遭遇各种难以避免的污蔑。她以女性的直觉，把萧红当作真实的同伴。萧红和丁玲，两个用灵魂生活的女子，灵魂深处的惺惺相惜，比千言万语的追捧和讨好要可贵得多。

关于丁玲，萧红后来对朋友约略说起来，对她为革命斗争所熏陶的思想和生活表示吃惊和不习惯。这是萧红既向往，又恐惧的。

在一起的时候，她们都很亲近合拍。她们尽情地唱歌，每夜谈到很晚才睡觉；平日里，也不会因为不同意见或不同嗜好而争吵，即使真的争得面红耳赤，两个人心中也是快乐的。她们彼此享受那份畅快和无所顾忌，仿佛重拾了热血青春。

韶华易流逝，好景不长留。相聚匆匆，离别在即。

二月，日军进逼临汾。民族革命大学决定撤退，招来的作家，可根据个人意愿，留下或者随丁玲的西北战地服务团去西安。

留守，还是离去？

前方的路口，指引着两种不同的未来。

曾经，无数次地被命运驱使着前进，如今要挺立起来面对未来，做出选择。

放在以前，这是萧红和萧军两人共同的抉择，而这次，两个人开始独立思考，不再依附于对方。然而结果是彼此意料之外的。他们分别选择了不同的路。

萧军要留下来和学校师生一起打游击，萧红则想到"八路军办事处"之类的地方，有一个较为安静一点的环境，继续进行写作。

他们试过互相说服，然而结果却使得各自的决定更加坚决。

这是他们命运的岔路口，也是一条情感岔路。他们的未来，被指向了两个不同的方向。

早在哈尔滨时代，萧军就想打游击去，他始终向往着一种有声有色、轰轰烈烈的大事业。到了上海，仍然有过投笔从戎的想法。他是不安于做一个"作家"的，而且，不得不说这是与他先天的气质相契合的。他内心的向往，从未停歇和消失。

在这一点上，萧红有着另外的看法，说到家中萧军那装在红色牛皮套子里的短刀时，她便说："对于它，我看了又看，我相信我自己绝不会拿着这短刀而赴前线。"在题作《火线外》的两篇短文中，有一篇写到一个兵士，怀中抱着孩子，腰间正好也佩着短刀。她说那刀子，总有点凶残的意味，但又同时注意到，他也爱那么小的孩子，于是又写道："即使那兵士的短刀的环子碰击得再响亮一点，我也不能听到，只有想象着：那紧贴在兵士胸前的孩子的心跳和那兵士的心跳，是不是他们彼此能够听到？"

萧红对于流血的战争，从来都是憎恶的，不愿与此有一点沾染。

她在另一篇短文中，设想萧军和她一样，"战争是要战争的，而枪声是并不爱的"。其实，像萧军这样热衷于作战的血性男儿，怎么能不爱枪声呢？

毫无疑问，萧红是热爱写作的。在抗战的年头，对于一个作家来说，具体对于她个人来说，萧红也认为是只能够从事写作的。

萧军当然希望萧红能够跟他一起留下来。萧军认为萧红个性过于倔强，没有"妻性"，不合适做他的妻子，但也并不想就此诀别，何况萧红这时已经怀了孩子，而他却似乎并没有作出特别挽留的表示。

从始至终，他始终不自觉地循着"爱便爱，不爱便丢开"的"爱之原则"。

最后，经过深思熟虑，萧军并没有留在临汾，也没有打游击，倒是听从丁玲的劝说，跑到五台去了。

对于萧军来说，这应当算是一次对萧红的考验。他给他们的未来一次最后的机会。

当时，萧军在内心里是极端地嫉恨端木蕻良的，所以，想了结这种解不开的纠缠，要看个"水落石出"。

两个人相处久了，彼此一言不发，也能了解对方的想法。但是了解和理解却并不相关。他想要的，和她想要的，始终都不是同一种。也许，这样的根苗，早已经昭示了未来。

直到这时，她还不曾想到，更没有决定要离开萧军。他在她的生命中已经扎根太深，不管是爱或者不爱，不管心中埋藏了多少怨愁，她始终是没有勇气用力地与君相决绝。

萧红诚恳地说："三郎，我知道我的生命不会太久了，我不愿生活上再使自己吃苦，再忍受各种折磨了……"

多少人，放下姿态，只为修补一份曾经完满的爱。然而，爱是世界上至刚至脆的东西。

它的刚在于，无论身处何种困境，无论处于怎样极尽的艰难中，爱，总是能够支撑着人坚强地挺立起来。

爱又是脆弱的东西，它会在不知不觉中脆裂。一旦破碎，便成为破镜，难再重圆。好梦，亦难再续。

真正的爱，从来不需要任何放低姿态的委曲求全。无论彼此身在何方，无论彼此又是怎样的情绪，都不必互相讨欢。因为彼此都明白，那个人，不会离去。

当爱随风而逝，萧红的倾心诉说已经无法再感动萧军。

一天，萧红突然让端木蕻良和萧军一起留下来打游击。她说萧军太鲁莽，她不放心。

端木蕻良还没有表态，这时，萧军大声说："我谁也不用陪，我身体好，到哪儿也不怕！"

萧红生气地说："那么，你决定一意孤行了？"

"你管不着！"萧军生气了，说完便掉头走开，剩下萧红一人。

萧红站在原地，看着萧军越走越远，心头一阵凄凉，眼中充满了泪，不是为了他无情的话语，而是，敏感的她，已经知道，这个男人离她已经越来越远，也在她心中渐渐撤离。

在临汾的最后一个夜晚，萧军和萧红并排躺在一面炕上，看着棚顶，说着说着，又争吵开了。

虽然是围绕着前路选择的问题，但实质上，已经是爱的分裂。当爱转身，他们彼此心中也就没有任何理由去迁就对方。

萧红认为萧军是在逞强，去打游击完全是固执的逞强主义。萧军则认为，为了解放共同的奴隶命运，走向战场是正确的选择。

萧红哀伤地说："你忘了'各尽所能'的宝贵言语，也忘了自己的岗位，简直是胡来……"

萧军静默了半天，语气忽然淡了下来："我全没忘。我们还是各自走自己要走的路吧，万一我死了——我想我不会死的——我们再见，那时候也还是乐意在一起就在一起，不然就永远地分开……"

萧红愣了一下，她看了看萧军，然后轻声说："好的。"

争论就此平息。

不管萧红心中有没有想到过这样的结局，但当她听到从萧军口中说出这样的话时,心中仍然充满痛楚。

第二天,萧红就要和丁玲等人前去运城,留下来的只有萧军一个人。萧军匆匆地赶到车站送行。

萧红倚着窗口坐着,静静地看着窗外。萧军买了两个梨子,趁她不防备递进她的手里,萧红看着手中的梨子,微微出神。梨子,离别。这一切仿佛都是命运的指示。

萧红抬头又看了看萧军,这样一个曾经朝夕相依的人,如今就要各自分离,这样一个曾经她深爱的人,今后他只能出现在她的回忆里。她心中忽然涌动出一种情绪,她抓住萧军的手,说:"我不要去运城了啊!我要同你们进城去……死活在一起吧……若不,你也就一同走……留你一个人在这里我不放心,我懂得你的脾气……"

"不要发傻!"萧军掐紧了她那细瘦的手指,摇动着说,"……你们先走一步……如果学校没有变动仍在这里……你们就再回来……这是一样的啊!也许……马上我也来运城……一同去那里工作,或者去西安,不然就到延安会合。你和丁玲他们一道走比较安全,他们有团体。我强壮……应该留在这里……学校已经单独成立一个'艺术系'了……这是好的啊!我们的人,怎能一个不留在这里呢?这是说不过去的。我们来的目的,不就是要在'这个时期'工作吗?"萧军勉强笑着,装出愉快的样子,但眼睛中已经有些微光。

萧红恳切地说:"说过一千遍了……就算我不是你的'爱人',仅仅是同志的关系,也不乐意你这样……你总是不肯听从我的话……你……"她仍然在做最后的努力,希望说服萧军,眼泪不由自主地流下来。

"不要紧的!我不是经过许多该死的关头没有死掉吗?我自信我是死不了的……"萧军笑着摸一摸萧红的脸,萧红避开了。

"这怎么比先前呢？你总是这样……我真不赞成……"萧红提高了声调，刚说了两句就说不下去了。她从萧军手里抽出自己的手指，用手巾揩着鼻子和眼睛说，"随你的便吧……你总没有好好听过我的话……"

萧军这时变得粗鲁和激动起来，极力为自己辩护："一切还不是为了工作吗？第一，我们要工作……不然为什么我们要到这里来？你们到运城去不也是为了工作吗？……"

"随你的便吧……"萧红说着，扭过头，和聂绀弩、端木蕻良交谈去了。

这是她最后的挽留，温柔的，质问的，什么方式都用尽了，该说的，也都说尽了。这是他最后的放手，他依然坚持着他自己的理由。就这样，两个人谁也不能再将彼此拉回到一起。一双曾经彼此紧握着的手，轻轻抽离，却轻得让人难以承受。

多少恩情爱意，皆是缘分促和，当缘分走到了尽头，再多用力纠缠也是枉然。好花不常开，好月难重圆，好景难重现，就算是再见曾经花好月圆的良辰美景，却是再也回不去曾经的情深深、雨蒙蒙。

萧军找到丁玲，希望丁玲能够多照顾她，让她跟上团体到西安去；如果她乐意，就送她上去延安的车，总之，不要让她单独一个人行事。无论萧军看起来是怎么粗放的一个人，在他的心底，对萧红还是温柔的。多年的风雨患难与共，曾经的花好月圆甜蜜，都化成了千丝万缕的挂念，在心中起起伏伏。即使情难再续，爱和牵挂，依然在光阴里穿梭来去。

火车将要开行的时候，聂绀弩陪萧军在月台上踱了好一会儿。最后，话题绕到了萧红。

萧军对聂绀弩说："萧红和你最好，你要照顾她，她在处世方面,简直什么也不懂,很容易上当的。"

"以后你们……"

"她单纯、淳厚、倔强,有才能,我爱她,但她不是妻子,尤其不是我的!……我说过,我爱她,就是说我可以迁就。不过这是痛苦的,她也会痛苦,但是如果她不先说和我分手,我们永远是夫妇,我绝不先抛弃她!"

这些话,萧军是不敢当着萧红的面说的,他没办法再面对她那样的眼神,他害怕她继续挽留,他怕自己会忍不住同萧红一起走……一个粗放的男人,此时的心中却是柔肠百转,诸多害怕。

深夜九点,机车开始喘息。萧军留在车厢里,和萧红依依话别。"你回去吧……再晚就不能进城门了。"萧红揩着眼泪,接连催促萧军下车。

"不忙,等车开动了我再走……"萧军是留恋的。

"那何必呢?明天还要回来……还是早一点儿进城吧……太晚了这里的车是不开的……"萧红也是那样地关心他。

"那么……我就回去了……"

丁玲组织她的团员为萧军唱起了送别歌,人们高喊着"萧军万岁"……

汽笛一阵鸣响,火车哄哄而动。

离别景象在萧军的眼中模糊了,又清晰地烙在了心底,永生难以忘怀。

火车轰隆隆地开动,载着萧红走向未知的未来,没有萧军的未来。

和平分手

对于萧红来说,这是她此生最艰难的离别,如果她还是曾经那般脆弱,她一定会留下来,与萧军天长地久,共赴生死。也许这也是她曾经某时候的信念,然而,在经历了人生的坎坷风雨,经历了浮世的辗转,她已经从苦难中坚强独立了起来。

走出了离别的阴霾后,萧红的心渐渐晴朗起来。

端木蕻良更加主动地向萧红示好。

柔情是世间最美的好景,柔情也是爱的迷药。萧红好像从来没有像现在这样得到男人的柔情的光顾。

萧红的青春早已经在困难里寂灭,然而,他的柔情似水却让萧红在少女般的柔情中渐渐苏醒。

队伍在运城稍作停留,接着向西安开拔。在行进的途中,丁玲要求同行的作家、戏剧家为西北战地服务团写了一个剧本,取名《突击》,写的是一群逃亡的中国老百姓奋起抗击日本侵略者的故事。话剧演出非常成功,使全体编剧者都为自己以文字所作的社会动员感到振奋,萧红正是其中一员。

但萧红知道,这是宣传,不是文学,亦不是自己要走的路。她希望,在这动荡的战争环境里有一块安静的地方,让她独自著书。

聂绀弩说:"萧红,你会成为一个了不起的散文家。鲁迅说过，你比谁都更有前途。"

萧红笑了一声，说："又来了！'你是个散文家，但你的小说却不行！'"

他们尽情地聊着，说到了她的《生死场》，也谈到了鲁迅。

萧红沉吟了一会儿，说："鲁迅以一个自觉的知识分子，从高处去悲悯他的人物。他的人物，有的也曾经是自觉的知识分子，但处境却压迫着他，使他变成听天由命，不知怎么好，也无论怎样都好的人。这就比别的人更可悲。我开始也悲悯我的人物，他们都是自然的奴隶，一切主子的奴隶。但写来写去，我的感觉变了。我觉得我不配悲悯他们，恐怕他们倒应该悲悯我呢！悲悯只能从上到下，不能从下到上，也不能施之于同辈之间。我的人物比我高。这似乎说明鲁迅真有高处，而我没有，有的也很少，一下就完了。"

两个人路上散步，月色初上，一片安静姣好的景致，聂绀弩的心却是十分不平静的。他很震撼，因为他第一次听萧红说了那么多的话，潺潺如流水一般从心底流淌而出。

萧红说："你知道吗？我是个女性。女性的天空是低的，羽翼是稀落的，而身边的累赘又是笨重的！而且多么讨厌呵，女性有着过多的自我牺牲精神。这不是勇敢，倒是怯懦，是在长期无助的牺牲状态中养成的甘愿牺牲的惰性。我知道，可是我还是免不了想，我算什么呢？屈辱算什么呢？灾难算什么呢？甚至死算什么呢？我不明白，我究竟是一个人还是两个，是这样想的是我呢？还是那样想的是。不错，我要飞，但同时又觉得……我会掉下来。"

她的声音婉转如水，她的话语中又透着数不尽的哀伤。苦难在她心底烙下了沉郁，无论她如今是怎样的坚强和独立，却始终驱散不了命运的凄凉感。

说了许多，萧红想起了萧军，她感叹着："我爱萧军，今天还爱，他是个优秀的小说家，在思想上是个同志，又一同在患难中挣扎过来的！可是做他的妻子却太痛苦了！……我忍受屈辱，已经太久了……"

聂绀弩不禁想起在临汾车站月台上和萧军的谈话。

同样的倾听者，却是截然不同的对白，一边是他还"爱"，一边是无法释怀的"痛苦"。

也许这样，他们这份情感才算是平衡了。

临汾之别，是永远。这是聂绀弩在听了萧红的诉说后才忽然明白的。

这一段日子以来，端木蕻良总是想方设法地接近萧红，一直在猛烈地向萧红展开追求的攻势。聂绀弩对他的好感不多，而且他觉得萧红也是讨厌这个人的。

聂绀弩想起萧军临别时的嘱托，说："飞吧，萧红！……'不要往下看，下面是奴隶的死所！'……"聂绀弩不希望萧红被端木蕻良这个男人牵绊，她应该有属于她的更好更美的天空。

然而，她那是故意夸大的，或者纯粹就是戏说。与此相反，端木蕻良倒有很多为萧红所喜欢的地方。

端木蕻良原名曹汉文，出生于辽宁省昌图县的一个大地主家庭。从出生到"九·一八"，端木蕻良过的完全是少爷的生活。从两篇回忆性文字《初吻》和《早春》看，他是一个性早熟的少年，痴情，任性，却又喜新厌旧。

他熟悉西方文学、电影和音乐，为西方文化艺术中的自由精神和形式美所吸引。他颇有点浪漫骑士派头，对妇女抱有同情心，然而缺乏的是抱打不平的勇气和自我牺牲的决心。堂吉诃德那样大战风车的疯狂,他是全然没有的。相反,他俨然一副公子哥儿的脾性,视贵族特权为当然。

从某些角度来看,萧红是喜欢端木蕻良这种特性的。端木蕻良外表的文弱,包括发式与着装,一副前卫艺术家的样子,在文学才华方面,应当说,他是胜于萧军的,他是完全异于萧军的另一种人。

萧红说过,她不喜欢太阳,因为太阳只是一个毫无情趣的男子。而端木蕻良的阴柔正是契合了萧红心中的喜欢。再看作品,端木蕻良与萧红都具有乡土感。他向往大地、海、草原,世上宏大的事物;已经写出的《科尔沁旗草原》也确实是宏大的,但是事实上,却无法克服那种在当时常常被称作小布尔乔亚的东西。而这种东西,又恰恰构成作为女人的萧红所喜欢的日常生活中的情趣。

端木蕻良对萧红是欣赏的,萧红作品中的诗性特质,与他的小说有很多相通的地方。这种抒情性,是萧军的小说所缺少的。而萧红对他最抱好感的是,他成全了她作为一个女人的自尊和荣耀。无论在公开场合还是私下里,端木蕻良都不掩饰对萧红的欣赏,而且乐于交流。在他这里,萧红获得了一种知己之感,多年来不断遭到伤害的自尊心,得到了最大的满足。

日本军队占领了风陵渡,不时地隔河炮击潼关,随时都有过河的可能。但此刻,西安还是平静的。

丁玲有事回延安,约聂绀弩和她同去。临行的前一天傍晚,聂绀弩和萧红在马路上遇上了。萧红颇有意味地暗示聂绀弩,她和端木蕻良的关系又近了一层。

"萧红,"聂绀弩提醒她说,"你是《生死场》的作者,是《商市街》的作者,你要想到自己文学上的地位,你要向上飞,飞得越高越远越好……"

第二天，萧红为丁玲和聂绀弩送行。人丛中，聂绀弩向萧红做出飞的姿势，又用手指着天空。萧红会心地笑着点头。他想要表达的，她都懂得，然而，她不敢回应什么，也一样不敢保证什么。

萧军、丁玲和聂绀弩先后把一段短窄的时间和空间留给了萧红和端木蕻良，使他们有了无障碍的、全方位接触的机会。

开始，意味着另一种结束。事已至此，成了不可逆转的命运。

丁玲和聂绀弩走后半个月，突然回到西安，而且当中多了一个萧军。萧军在去五台山的中途折到延安，和他们碰着了，后来计划再去五台山，形势已经不容他成行，只好随他们一道到西北战地服务团里来。这时，萧红和端木蕻良正寄居在团里。这样意外的不期而遇，是他们都不曾料到的。

萧红和端木蕻良一同从丁玲的房里走出来，一看见萧军，两个人都愣了一下。端木赶忙过来和萧军拥抱，聂绀弩看见，他的神色含有畏惧、惭愧等复杂的意义。聂绀弩走进自己的房间，他又赶了过来，拿起刷子给聂绀弩刷衣服上的尘土，低着头说："辛苦了！"但聂绀弩听那声音却像在说："如果闹什么事，你要帮帮忙！"

萧军一来，谁也不加理会，只顾洗涤头脸上的尘土。萧红走近他的身边，微笑着对他说："三郎，我们永远分手吧！"

"好。"

萧军一面擦洗着头脸，一面平静地回答说。萧红很快就走出去了。一个短促的告别，结束了长长的一份爱。

这样一个结束，并不是因为端木蕻良。结束，已经是注定的命运，她无法改变。

她是一个缺少安全感的女人。失去了亲人，情人和朋友也相继离去，她害怕一个人过日子，害怕遭到世界的冷落甚至强力的压迫。此刻，身边只有一个人，就是端木蕻良。与萧军的爱，如同东流逝水，再难收回。那么，她没有理由放弃身边最后一束温暖。

在双方达成和平协定之后，萧红和萧军有过一次关于孩子的谈话。萧军知道萧红已经怀孕，所以建议她生下孩子以后再分手。可是萧红去意已决，不接受他的劝告，更是不愿意把孩子给萧军。

萧红向萧军警告说："若是你还尊重我，那么你对端木也须要尊重。我只有这一句话，别的不要谈了。"这一次，萧红无比决绝。

爱不复重来，说再多也是徒增伤感，萧红不再想听萧军再说什么，与君长决，那就此息声是最好不过了。所以当萧军找机会同萧红约见的时候，萧红说，到外面散步也可以，一定要约端木陪同。而这是萧军最介意的，也是最忍受不了的。

萧军终究没有获得两个人单独会面的机会。

在与萧军的关系彻底破裂之后，萧红约端木蕻良到公园里去，把情况告诉了他。说过之后，痛哭起来。随后，她告诉端木蕻良说，她已经怀孕了。

这是萧红与萧军的爱情"遗产"。这笔遗产对萧红来说，是命运的戏弄：开始和萧军生活时，怀的是汪恩甲的孩子；将要和端木蕻良生活时，孩子的父亲却是萧军。像是一个轮回的诅咒，幸福总是离她有一步之遥，而这仅有的一步，却是她永远都到达不了的彼岸。与其这样的痛苦着倒不如从未有过这样深的期盼。

萧红深深地知道萧军不爱别人的孩子，端木也不会。本以为，走出了一段痛苦的情感，会有一个崭新的开始，本以为最难的是与君长决绝，然而走出来之后，才发现前方又是一片风雨阴霾。

忧愁、沮丧、失落，一切都是无用的情绪，不管你的情绪如何，未来终将要一步步到来，好的坏的，认谁也无法阻挡。萧红在静静地等待着……

漂泊不定的浮萍

1938年4月，在萧军决定随丁玲去延安之后，萧红和端木蕻良乘火车返回武汉。

绿川英子在《忆萧红》一文中，这样写道："我想到微雨蒙蒙的武昌码头上，夹在濡湿的蚂蚁一般钻动着的逃难的人群中，大腹便便，两手撑着雨伞和笨重行李，步履维艰的萧红。在她旁边的是轻装的端木蕻良，一只手捏着司的克，并不帮助她。她只得时不时地用嫌恶与轻蔑的眼光瞧了瞧自己那没有满月份的儿子寄宿其中的隆起的肚皮——她的悲剧的后半生中最悲剧的这一页，常常伴随着只有同性才能感到的同情与愤怒，浮上我的眼帘。"

不同的故事，同样的情绪，越来越大的肚子勾起了萧红许多阴暗的回忆，那些苦寒的离家出走的挣扎，那些深陷旅馆的囚徒岁月，苦汁像苦泉一样，从心底喷涌而出，一次又一次地让她从梦境中惊醒，又围困着她真实的生活。

再次来到武汉，又是一种不同的感觉。当初萧军还在，当初端木蕻良还是个后来者，当初萧红经常会开心地大笑……无数个美妙的想当初，都融化在了记忆里，如今，故事的情节已经变了，此刻萧红心中更多的是伤感。

萧红和端木蕻良一起到小金龙巷找蒋锡金，希望解决端木蕻良的居住问题。蒋锡金问起萧军的去向，他们说是到兰州去了，便没有细问下去。

端木交了一个月的租金，蒋锡金就把房间的钥匙交给了他。接着蒋锡金问，萧红怎么办呢？回答说是住到池田那里去。

过了一段时间，蒋锡金回到原住处交房租，捎带取些衣物。取完东西，正打算离去，听得里间有个女声叫他，问他为什么不进去。

他一听这是萧红的声音，就推门进去了。第一眼看到萧红，他有些愣住了，她的脸色苍白，无力地躺在床上。见此情形，对萧红和端木蕻良的情况他已经是心知肚明了。

萧红拍拍床沿，让蒋锡金坐下，告诉他说自己怀孕了，要他帮助找一位医生做人工流产。

又是一个令人惊讶的消息。蒋锡金得知这个孩子已经五个月了，他告知萧红，五个月的孩子流产会有生命危险，况且，是萧军的更应该生下来，这是一条小生命！

萧红流泪了。她说，自己一个人要维持生活都很困难，再带一个孩子，就会把自己完全给毁掉了。她狠狠地抽泣着，这样的痛苦太难承受。

噩梦重演，像是命运的一个诅咒，她不愿接受，却始终是无法逃开。萧红深感无力。

蒋锡金抚慰萧红，让她不要太担忧，孩子生下来总能有法子，这么多朋友也不能看着你不管，可以托人抚养，也可以赠送给别人，还是好好生下来吧。

爱是沉重的负担，孩子更是她担不起的责任。

她曾经眼睁睁地看着自己的孩子像一个物件一样被送走，而那是从她身上生生剥离的一块肉，是一种血脉相连的情感。无论当初她看似怎样的决绝，心中真正的痛楚，只有她自己明白。这样的噩梦，她不想再重演一场，孩子生与不生，带给她的始终是痛，那么，她只希望这种痛楚早点结束。

她到胡风家里，告诉他和梅志，她跟萧军分离了，现在同端木蕻良在一起。胡风没有什么讶异的表现，没有惋惜，也没有祝福。胡风很平静地说："作为一个女人，你在精神上受了屈辱，你有权这样做，这是你坚强的表现。我们做朋友的，为你能摆脱精神上的痛苦感到高兴。但是，又何必这样快呢？你冷静一下不更好吗？"

池田见到梅志，这样说到萧红："我请她住在我家，有一间很好的房子，她也愿意。谁知晚上窗外有人一叫，她跳窗逃走了。"

朋友们对萧红的爱情，是各自持有看法的。

梅志不常去看萧红，他不愿意，因为小金龙巷那间曾经热闹一时的房子如今已经是另一番景象，他一直耿耿于怀。对于敏感的萧红来说，梅志的态度她怎么能不知道？

许多时候是萧红到他的住处闲谈，偶然他会和萧红一同去蛇山散散步。

"是因为我对自己的生活处理不好么？"有一次，萧红见到梅志，突然这样发问。

"这是你自己个人的事。"

"那么，你为什么用那种眼色看我？"

"什么眼色？"

"那种不坦直的、大有含蓄的眼色。"

这就是萧红，直言不讳。

梅志微微一愣，竟不知道该怎样回答是好了。

"其实，我是不爱回顾的。"萧红说，"你是晓得的，人不能在一个方式里生活，也不能在一种单纯的关系中生活。现在我痛苦的，是我的病……"

萧红说的"病"，即怀孕的意思。她听说梅志和房东的太太一起去找医生准备打胎，也跟随着去了，结果因为医生要价太高，只好沮丧着离开医院。

萧红想要尽快地摆脱这个孩子，因为这个孩子会让她无时无刻不想起萧军，而她同萧军的故事太多，每一次回忆对她来说，都是一次深深的触痛。

而后，日军分成五路包围武汉。大灾难降临这座城市，人们心中惴惴不安。国民党政府发出"保卫大武汉"的口号，而党国要人却带头迁往重庆去了，一些工厂企业、机关团体也纷纷西迁，一些文化人也陆续离开。

命运的手再一次推向萧红，她又一次地要面对漂泊，离开，去往生命的下一站地。

而这时候，却发生了一件令萧红很意外的事情。端木蕻良一直有着做一名战地记者的梦想，这时开始与某家名报社接洽，想只身去前线。半年前他还信誓旦旦地与萧红相约共同建造文学事业，而时隔不久，他却完全做了另外的选择，同当初萧军一样的选择。萧红失望极了，失望得想笑。

他们前赴后继地离开她。

张梅志从武昌乘船过江，在舱口里，恰好发现萧红披着斗篷一个人坐在那里。"怎么，你一个人呢？"

"一个人不好过江么？"萧红开始和他谈天。等知道他和罗烽将要订票入川的时候,她突然神色焕发地说,"那我们一起走,好吗?"

"你一个人么?"

"一个人。"她说,"我到哪里去不都是一个人呢?"

"这要和端木商量商量。"

"为什么要和端木商量呢?"

她觉得自己不从属于任何人,她同端木蕻良是平等而自由的,而梅志的话显然已经将萧红定义为了端木蕻良附属。这使她发自心底地感到悲哀。

不幸接踵而至。等到船票到手之后,端木蕻良要求梅志让他上船,说是萧红不走,要留下一些日子另外等船。这样,他便把船票据为己有,和梅志、罗烽一同启程入蜀了。

又一次被决绝地遗弃,所有痛楚,她都不得不默默承受。

日军开始进攻武汉。漫天的枪声炮声,风烟弥漫,整个城市笼罩着一种阴森的恐惧。在这样的情境下,萧红心中也一片阴沉。荒凉的心,再寻不到一点温暖,而就算没有幸福和快乐,她依然是要坚强地活着。

对生愈加的渴望,所以她便在困难里狠狠挣扎。

第二天,她把蒋锡金的被褥、床单和枕头打了个铺盖卷,带上小提箱,雇了人力车径直开到汉口三教街中华全国文艺界抗敌协会所在地。她找到蒋锡金,说要搬到这里来住。

蒋锡金给她分析情况,意思是他这里根本没法子住的。

"我住定了!"萧红的口气简直不容商量,说,"我睡走廊楼梯口的地板,去买条席子就行。"

蒋锡金说:"席子倒有,可是那是人来人往的通道,你睡不稳的，别人行走也不方便。"

然而，不管蒋锡金怎样说，萧红还是很坚定。她要来了席子，就住了下来。她太累，只要有一个地落脚就可以，别的她已经是顾不得了。

辗转重庆

萧红就这样住了下来。

平时，萧红总是在地铺上躺着。一天，老朋友高原来找，她便坐在席子上谈话。最后，高原便把自己仅有的五元钱给了她，她也就毫不客气地收下了。

萧红穷困落魄到如此地步，使高原心里暗暗吃惊。谈到端木蕻良的时候，萧红并不热心。而对于萧红同萧军分手一事，高原是有怨言的。他批评萧红在处理自己的生活问题上太轻率了，萧红听了很反感。

前不久，舒群执意劝说她去延安，她同舒群争吵了一个夜晚。她说她不懂政治，在党派斗争问题上，总是同情弱者，又说她崇拜的政治家，只有一个孙中山。

高原还是经常在晚上去看她，不论当时萧红的情绪究竟如何，有一个朋友能够陪着她一起无所顾忌地聊天，这总是好的。虽说不能改变什么，但是总能够或多或少地排解心中苦闷。

在苦难的折磨下，萧红变得越发古怪。一天，她将身上高原给的最后财产五元钱挥霍请客了。蒋锡金埋怨萧红太阔气了，为什么这样大手大脚乱花钱？萧红说，反正这是她最后的钱，留着也没用了,花掉它也花个痛快。

心已成灰,钱财对她来说已是无用,倒不如穷尽所有,也求个痛快。

蒋锡金批评她说,这太没有道理,又给她分析了当前的形势,蒋锡金说,最紧张的时候可能我人在武昌,江上的交通断了,我能顾得上你吗?

蒋锡金所说的,萧红未必不知,只是,再乱的天下也激不起她的紧张情绪了。

她说,人到这步田地,发愁也没有用,反正不能靠那几块钱!

蒋锡金叹息一声,也就不再说什么了。

蒋锡金再来的时候交给萧红一百五十元钱,说明钱的来历,让她好好保存着供逃难用,萧红苦笑着收下了。

原来他到生活书店,向曹谷冰借了一百元;又去读书生活社,向黄洛峰借了五十元。他说明是代萧红借的,由她用稿子还,如果她不还就用自己的稿子还。

蒋锡金还是放心不下,又去找冯乃超,说萧红这样留在武汉不行,应当想法子把她送走。冯乃超表示同意,说他的夫人李声韵过几天去重庆,可以让她们结伴同行。

随着敌机频繁的轰炸,文协的人大都已经内迁,空置下来的房子于是成了留在汉口的朋友的聚会场所,有时还煮点咖啡,夜袭时,开个有趣点的晚会。到后来,人越来越少,原来留下来的客厅,便又成了朋友临时的宿舍了。但是后来发生了一些事情使得这里混乱起来。

由于船票难买,萧红和李声韵只好暂时住下来。萧红不肯住在客厅,独自在一个小过道里搭了地铺住。

有时候住在这里的冯乃超和其他人是不赶回来吃饭的,要解决吃饭问题的便只有孔罗荪、萧红和李声韵三个人。他们也就经常找一些便宜餐馆解决吃饭问题。逢到精神好的时候,萧红便去买些牛肉、包菜、土豆和番茄,烧好一锅汤,吃点面包。这是他们所享用的最丰盛、最富有风味的午餐了。

偶有几声笑语和欢谈,转而就落寂了。

萧红独自吸着烟,非常健谈,话中谈到她的许多计划和幻想,眼神中透着渴望与哀愁,她说:"人需要为着一种理想而生活。即使是日常生活中的很琐细的小事,也应该是有理想的。"烟雾中映着一张经尽沧桑的面容。她的爱,她的梦,在消亡中挣扎。

听她这么说,李声韵默默笑着,孔罗荪则建议谈一谈最小的理想。

萧红抢先说:"我提议,我们到重庆以后,开一座文艺咖啡室,你们赞成吧?"

三个人都笑了起来。而后,萧红又严肃起来。

"这是正经事,不是开玩笑。"萧红一本正经地说道,"作家生活太苦,需要有调剂。我们的文艺咖啡室一定要有最漂亮、最舒适的设备,比方说:灯光、壁饰、座位、台布、桌上的摆设、使用的器皿,等等。而且,所有服务的人都是具有美的标准的。我们还要选择最好的音乐,使客人得到休息。哦,总之,这是一个可以使作家感觉到最能休息的地方。"

语罢,她轻轻地吸了一口烟,深深地吐了出去。

"这不会成为一间世外桃源吧?"

"可以这样说。"萧红肯定地回答说,"要知道,桃源不必一定要同现实隔离开来的……"

她的生命中依旧燃烧着希望的火焰，即使爱坠落，即使灵魂沦陷进了孤苦，她心中的渴望之火，都不曾幻灭。

大家都笑了，然而，那笑声转瞬也淹没在了这座混乱的城市里，淹没在这个时代匆匆的脚步声中。

不久之后，船票终于买到了。

萧红和李声韵一起离开了汉口。船到宜昌，李声韵突然病倒，由《武汉日报》副刊编辑段公爽送进了医院。这时，途中只剩下萧红孤零零的一个人了。仿佛是命运的捉弄，蓄意让她尝尽孤独的滋味。

她无助地走着，独自去找船，像是个流浪者，然而回想这一遭生命的路程，又何尝不是一场漫长的流浪之旅？她渴望找一处安心之处，却一次次在命运的驱使下辗转漂泊。生命中，不断有人出现，又在下一个路段上分开。每一次告别，都带给她深痛。他们匆匆来去，都是过客。

孤独，是每一个生命最真实的样子。就算是此刻萧红腹中的胎儿，一块带着生命的肉，也将在不久后从自己的身体里生生剥离。

萧红吃力地向前走着，她在码头上被纵横的绳缆绊倒了。她挣扎着爬起，却一次又一次滑到。她隐隐感觉到腹中的胎儿在挣扎，似乎是在给她力量站起来。然而，几番挣扎后，她还是瘫软在地上。

后来，她这样向骆宾基述说当时的心境：我躺在那里，四周没有什么人，我感到从来没有过的一种平静。我望着天上寥落的星星，心想，天快要亮了吧！会有一个警察走过来的吧！警察走过来一定有许多人围着，那像什么呢？还是挣扎着起来吧！然而我没有力量，手也懒得动。算了吧！死掉又有什么呢！生命又算什么呢！

死掉了也未见得世界上就缺少我一个人吧……

"然而就这样死掉,心里有些不甘似的,总像我和世界上还有一点什么牵连似的,我还有些东西没有拿出来。"说的时候,她的眼睛湿润了。

渐渐地,天亮了,她熬过了一个漫漫长夜。有船来了,她最终被人扶起,赶向人生的下一程:重庆。又是一个陌生的城市,还有那等待着她的陌生的未来。然而,此刻的萧红不得不向前方走去,她已经没有了回头路。

9月中旬,萧红艰难来到重庆。见到梅志,她说:"我总是一个人走路,以前在东北,到了上海后去日本,现在到重庆,都是我自己一个人走路。我好像命定要一个人走路似的……"

一段寂静的讲述,却是字字透着沧桑。经历了太多苦痛折磨,她便也将生命看得越来越透彻。

生与死,一线之间;苦于乐,一念之隔。

天涯孤女，落花伤逝

黯然失色

萧红，终将独自漂泊。没有了温暖的爱，她成了一朵失心的花蕊，随着命运的苦雨寒流，浮转，漂泊。

先期到了重庆的端木蕻良，当不成战地记者，却在迁至重庆的上海复旦大学谋了一份教职。由校方安排，他住在昌平街黎明书店的楼上。萧红按照罗烽在船上写的端木蕻良的住址，设法联系上了白朗，很快地便住进了江津白朗的家里。

同白朗的再次相聚，萧红觉得十分幸运。白朗是萧红同萧军在一起时就认识的朋友，可以说，她一路见证了萧红的人生悲苦。她是喜欢萧红的，包括既温柔又爽朗的性格，却也为萧红惋惜。每一次见面交谈，她都感觉到萧红内心的忧郁逐渐深沉了，她觉得总是会有一个不幸的阴影笼罩着萧红。而这个不幸很快就发生了。萧红和萧军分手了。曾经的相互搀扶，到如今的分隔天涯，这其中的悲伤想必只有萧红自己懂得。

白朗不清楚在萧红身上到底都发生了什么事情，她只是清楚地看到，萧红惊人的改变，仿佛是换了一个灵魂。

两人同住了一个多月，萧红从来不向白朗谈起和萧军分开之后的生活和情绪，一切都埋在心里，对于一向推心置腹的朋友也不肯吐露真情。但是，就算萧红一言不发，她也能清楚地感受到萧红心中的忧郁。她连笑容里都带着伤愁，浓得化不开。

仿佛是岁月榨干了她心中的柔情，萧红变得暴躁易怒了。有时候会忽然发脾气，直到理智恢复，当她清醒时，才意识到白朗本来不应该是自己的发泄对象，于是便沉默下去。

如果说相爱是一场痛，那么同萧军的离别便是她好不了的伤。

有些人是掌心的一道划痕，痛过之后，结成疤，便成为往事。有些人，驻留在心底，轻轻一碰，便是一次剧痛，一生好不了的伤。

萧军，正是烙印在萧红生命里的那个人。

萧红的肚子越来越大，在将要分娩的时候白朗把萧红送到附近的一家小医院。

萧红躺在病床上，喘着粗气，静静地体味着身体和灵魂的痛楚。她回忆起了多年前行将分娩的场景。那时她刚刚逃离旅馆，那时她饱受困难的折磨，那时她头脑中曾闪过许多生生死死的念头，但最重要的是，那时萧军还在，他用尽浑身能量来保护自己。而此刻，她腹中怀着这个曾经深爱的男人的孩子，然而，爱人已不在身边。她无可奈何地感受着孤独，却连悲伤都觉得格外得累。

不久，萧红顺利地生下一个男婴。白朗到医院看过，婴孩又白又胖，和萧军的样子很像。

然而，仅仅三天，这个孩子便离开了人世。

萧红如离了魂一样，紧锁在痛苦里。医院里只有萧红一个产妇，闹着要出院，她害怕梦魇一次次扼住她的喉咙。然而，这一次，白朗的房东不让她再住进来。按照当地的旧俗，未出满月的女人是有邪气的，住在家里不吉利。

白朗拗不过房东的刁难，只好为萧红搬走了。

在最后握别的时刻，萧红面对着滔滔水流，她知道未来的远景已经摆面前了，她也将以孤寂忧悒了此终生。

萧红出院以后，住进歌乐山云顶寺下的一间租的房子里。端木蕻良在复旦大学教书，一般都不会住在山上。

环境幽寂，她饱尝生命辛酸的心已经溢满了满腔墨泪，等待着挥洒和倾泻，萧红开始恢复她的写作。

这里有一家著名的歌乐山保育院，是国民党妇女指导委员会设立的，院里收养的小朋友多是汉口一带的流浪儿童。音乐家沙梅、季峰夫妇在保育院工作，他们有时会遇见一位妇女挎着篮子，从山坡顶上的房子里走下来买菜。她身穿着旧旗袍，脸色苍白如雪，眼眸幽幽，涌动着深郁。这个人就是萧红。

季峰很早就读过萧红的《生死场》，非常仰慕，她很想同萧红深入地谈一谈，但是始终没有开口，有几次在路上遇见，也只是寒暄两句而已。季峰看得出来，萧红不大爱同别人交流。

萧红的性格越发古怪，平日里窗子和帘子通通关上，也不怎么理会别人，她像是独自沉浸在另一个世界一般。端木蕻良有时去看她，却不从正路走，而是走的侧路。

就算是有端木蕻良偶来探望，萧红的生活依然是孤独的，他们的关系微妙而尴尬。萧红阴沉的心情再也好不起来了，她知道，心中的爱情之火，将永远无法复燃。

多少人，生命还在，爱情却早夭。萧红，过早的尝尽了生命的艰辛苦痛，承受了太多不可承受的负重。

某一天，萧红忽然觉得，这样活着太累，她也许应该换一种面貌。

萧红不久就搬到了重庆的一条不见阳光的名叫米花街的小胡同里居住。房子是池田租的，邻居有绿川英子。

1939年，春回大地，四处一片盎然生机。

萧红也换了一番面貌，衣着也开始注意了，开始注重美和享受。她潇洒的样子，让朋友们也安心不少。然而，这是真实的萧红吗？她将真实的自己藏到了哪里？

夏天，萧红搬到北碚嘉陵江边复旦大学文摘社的宿舍里，同端木蕻良住在了一起。尽管双方都极力否认，他们还是结合到了一起。

从那以后，萧红便很少参加朋友的聚会，她成了谜。

刚开始，萧红还会常常一个人去看胡风夫妇。

梅志刚刚产下一个女孩，萧红前去探望，梅志高兴地说："你倒比过去胖了，精神也好，穿上这衣服可真漂亮。"

她高兴地告诉梅志，这衣服的衣料、金线，还有铜扣子，全是她在地摊上买的。梅志还见过她穿的另一件毛蓝色布旗袍，也是她自己亲手缝制的，那上面还有她用白丝线绣的人字形花纹，把一块粗布料显衬得既雅致又大方。

萧红对于衣饰的讲究，居然作为一种消息，传到上海许广平那里去了。在重庆，萧红也受到了一些非议，然而，这些舆论对萧红影响并不大。她活在自己的世界里，外界的风声、雨声、质问声，都不过是轻轻耳语，从不曾扰乱她的心。

一天，萧红又一个人爬上三层阁楼里。胡风不在家，她留了下来，在竹制的圈椅里坐下，一边喘气，一边抱怨这山城出门行路的艰难。

梅志为她倒了茶，随即坐下来闲谈，话间，忽然想起日前收到的萧军的来信，便不假思索地从抽屉里取出来给她看。

萧红仔细地看了信，也看了照片。照片是萧军和一位姑娘的结婚照。两个人双双坐在一处山石上，身边还有一只狗。那姑娘看起来很年轻、很健康，也很漂亮。她翻过照片的反面，上面写着："这是我们从兰州临行前一天在黄河边'圣地'上照的。那只狗也是我们的朋友……"她手里拿着照片，一声不响，静默得像是一尊雕像，脸上前一刻所有的色泽都瞬间退却。

所有光阴开始倒流，回忆化成了苦汁湮灭了萧红的心。那一刻，她终于明白，那一段感情，无论是痛苦，还是甜蜜，都已经深深地镌刻在了她的生命里，拔不出来。

梅志后悔了，本以为两个人是缘分尽了和平分手，不会再介意什么，没想到却对萧红产生了如此大的触动。她不敢说什么，只是看着萧红默默地沉寂着。

过了好一会儿，萧红像是忽然醒过来似的，然后就匆匆逃开了。

这一年冬天，萧红和端木蕻良搬到黄桷树镇上秉庄的房子里。这是镇上唯一的一栋新式楼房。当时端木蕻良已是复旦大学新闻系教授，另外还有几个教授也住在这里。靳以就住在端木蕻良的楼上，他因为在上海时就认识萧红，也写文章，所以时有往来。

这时候的萧红，身体和心情都开始变坏，消瘦、咳嗽，脸上失去血色，也失去了笑容。她把自己紧紧锁了起来。

呼兰旧梦

据说，复旦大学的教务长孙寒冰曾经找过萧红，请她教授一两节文学课，她谢绝了。

要写作，就必须赢得支配自己的自由，所以她主动远离了重庆文艺界。在萧红看来，写作是个人的事，是要在独立的房间里进行的，种种文艺活动，实际上与创作毫无关系，而且会对写作造成损害。

在武汉，她曾经参加过两次文艺座谈会，在会上，她的意见就相当的孤立。关于文学与时代和生活的关系，她强调的是时代中的作家个体，强调对生活的积淀及其思考。

这时候的萧红已经不再需要什么权威的证明，因为她自己已经能够证明自己的价值。她心中对于权威的信仰，已经随着萧军逝去了。所以，在返回故乡呼兰河的同时，她要重现她的生命、她的生活、她的少为人所知的人性的方面。

一个人，只要怀着人类的梦想，内心充满自由、爱和温暖，生命本身就是一场抗争。

她一而再地回到这样一场斗争里。呼兰河和鲁迅，凝聚了人类的苦难、爱和抗争，也在此时构成了她生命的全部。回忆和写作使她充实，她愿意让自己陷入其中。在实际生活中，和端木蕻良在一起，并不能使她感到快乐，而是让她感觉愈来愈疲乏、痛苦和沮丧。

几个月来，日军加紧了对重庆的轰炸，文化人又开始陆续向周边或远处撤离了。

萧红和端木蕻良都在各自写他们的长篇，然而城市上空的警报却一次又一次的在鸣响。这对于萧红来说，是满载着恐慌。

这时，孙寒冰来找端木蕻良，希望他去香港编大时代文艺丛书，在港的东北著名的民主运动人士周鲸文也邀请他去香港办《时代批评》。他的小说《大江》也正在香港的报纸上连载，那也有一笔可观的稿费收入，可以保证有一个安定的环境写作。于是他们决定一起到香港去。

1940年1月19日，萧红和端木蕻良飞抵香港。从异乡到异乡，她的一生从未停止过漂泊。

香港文艺界为他们的到来举行了欢迎会。这时的萧红如同耀眼的明星，应邀参加了各种活动，作过多次关于抗战、妇女问题和文艺问题的讲演。

社会救亡运动高潮迭起，三月间，她还曾起意编辑出版一种大型文艺刊物，名目就叫《鲁迅》。在她的计划中，这刊物有长篇，有短篇，也有散文和诗，但一定要每期都有关于鲁迅的文章。她想到三部分的工作，一是收集稿子，二是弄出版关系，最后还想由自己去弄钱。其中重要的是组稿，为此，她还特意写信给许广平，希望得到具体的意见。

到了下半年，香港因不时传出日本南进的消息而呈现出紧张气氛，每到这时，她就立即写信说正在购机票准备回重庆，要梅志帮忙给她先找房子，但紧张气氛一过，她又以写作或生病为理由延宕下来。萧红始终陷在焦虑的情绪中难以自拔，她也有信给靳以，感谢他对自己的关切之情。

萧红对白朗表达了自己最真实的状况：不知为什么，莉，我的心情永久是如此的抑郁。这里的一切景物都是多么恬静和幽美，有山，有树，有漫山遍野的鲜花和婉转的鸟语，更有澎湃泛白的海潮，面对着碧澄的海水，常会使人神醉，这一切，不都正是我往日所梦想的写作的佳境吗？然而呵，如今我却只感到寂寞！在这里我没有交往，因为没有推心置腹的朋友。因此，常常使我想到你，莉，我将尽可能在冬天回去……

她在寂静中独自享用孤独，一颗心缱绻在忧伤里，无法愈合。然而，她还不到三十岁，还未来得及绽放，却已行将枯萎，以最沧桑的姿势面对生命。

端木蕻良依然风流偶傥。他的贾宝玉式的少爷本相，不但在生活中时时表现出来，在创作中也必然显露出他的才子气和脂粉气。

端木蕻良的做派使萧红对他越来越反感，他们的感情悄悄地走向了陌路。

端木蕻良一直认为萧红的病情"没有太多症状"，没有像萧红向朋友们所倾诉的那样，他只看到她喜欢喝酒抽烟。没有了情感的牵系，也就再也看不到她灵魂深处的样子。

表面上是一对爱侣，实际上已经是形同陌路，彼此默然。

同端木蕻良的结合，是萧红最无奈的选择。萧红不是没有想过要挣扎，因为早在重庆的时候，萧红就产生过离开端木蕻良的念头，然而，最终她又回到了他的身边。在饱尝了孤独之苦后，她迫切地渴望一个伴。她自觉周围没有一个真挚的朋友。她是女人，而社会关系都在男人身上，哪里都有"封建"这个罪恶力量的存在。女人不管走到哪里，都逃不出男人的天罗地网。

这是萧红同骆宾基谈话时说到的理由，简单苍白，注满了生命的无力感。她深深地渴望着爱，就算爱所剩无几，她也不忍心割舍掉。

从重庆到香港，是萧红对爱与自由的最后追逐，然而，她却时时被情感牵绊着，得不到自由。她是矛盾的，一生都在逃，都在追，逃离苦难，追逐爱，在失去与获得中挣扎。

从萧红跟朋友的通信中可以看出，她是时时计划着返回重庆的，端木虽然也计划着离开香港，未来的落脚点却选择了昆明。不同的路线，已经很显然地表示出了各自的心意。

次年，萧红还曾作过一次逃离的尝试。当她从史沫特莱那里获知日本进攻香港的军事动态之后，即动员来港的茅盾和她一同去新加坡。一是为了安身，再则也是为了离开端木蕻良。在这份情感中，她始终没有找到救赎，又一次满载了失望。

茅盾事后回忆说："我不知道她之所以想离开香港，是因为她在香港的生活是寂寞的，心境是寂寞的，她是希望借由离开香港而解脱那可怕的寂寞，并且我也想不到她那时的心境会这样寂寞。"

寂寞是一朵妖花，在萧红痛苦的心中，艳艳地绽放，狠狠地吸着她心头的血，使她的灵魂一次次痛苦地喊叫，渐渐苍白。

一生逐爱流转，却终在时光里啃噬孤独。她加紧写作，这是她最畅快的情感出口。只有在写作的时候，她才清醒地感受到自己还活着。

1940年，她出版了几种著作，短篇小说集《旷野的呼喊》，散文《回忆鲁迅先生》《萧红散文》，接着又写了短篇《后花园》，纪念鲁迅的哑剧《民族魂》，长篇《呼兰河传》也终告完成。1941年她写下短篇《北中国》和《小城三月》，后者是在病枕上写成的，还连续发表长篇《马伯乐》，然而，随着她的病情加重，她的写作也不得不停止。

《呼兰河传》断断续续地写了三年，是一条心路。

呼兰旧梦，再回首，往事幽幽如风，在每一刻寂静光阴里吹拂着萧红的心。呼兰是她生命最初的地方，也是她最初的伤痛所在。

她没有为时代高唱战歌，而是寂静地为广大劳苦的人们深深呐喊。

萧红知道，呼兰河的土地本身就是一部伟大的文学作品，她在聆听呼兰河的倾诉，为这片土地代笔，静静地讲述它的故事。

最后的历程

《小城三月》是萧红最后一个文学作品，像是一首生命的挽歌，悠扬婉转，又带着淡淡忧愁。

　　转眼间，秋色渐浓，她心中生出一种苍茫的哀愁，她胸中燃起了诉说的欲望，于是写了两封长信，一封给自己的乡亲，一封给自己的弟弟。

　　"有弟皆分散，无家问死生。"一封寄不走的信，满满地装载着她的情绪，她的怀思，她的哀愁，随着她的脚步扩散四方，最后给这个时代留下了永恒的烙印。

　　张秀珂并没有看到这封信，他在游击队里。据他说，他曾经写过几篇通讯、报告之类，给延安寄去。他以为姐姐萧红仍然和萧军在一起。后来他又寄信去过香港，却始终没有得到回复。再得消息时，萧红已经走了整整一个春季。

　　书信搁笔之后，她的病情也更加严重，经过全面检查，医院确认萧红患了肺结核，于是把她从普通病房搬到隔离病房去了。

　　她开始打空气针，原本期待着能够有所好转，但是效果并不如预期的好。到了这时，身体潜在的疾病全部显露出来了。

　　她咳嗽、便秘、气喘、头疼……她的脸色愈见灰暗，说话的声音也变得低哑了。生命渐渐地暗淡下来。

　　她的病榻被安置在医院四楼院的前方走廊上。这里是死寂一般的宁静，不过却是个视野开阔的地方，萧红经常倚着窗看海，看看那波光粼粼的水面，展开辽阔的畅想。有时候会看看书，晒一晒阳光。如果不是病魔时时困扰，这也应当算是一段惬意时光了。

　　一夜，海风忽起，仿佛是命运在催促，萧红受凉了。从次日起，她的病情开始加重，咳嗽一直没有停止过……

　　身体逐渐衰弱，她已经隐隐感觉到生命在渐渐流失。她恳求医生给她打止咳针，医生起先搪塞着，而后就不再理会萧红了。萧红想要出院，尽快摆脱这个地方，而周围的人都在劝慰她，好好住在医院安心养病，没有人能体会到她心中的痛苦。她感到不被人信任，但即使是愤怒，她还是沉默了。她的心却始终是无法安定下来，一种危机意识时刻提醒着她要守住自己的生命。

在最无助的时候，萧红想到了萧军，她曾说："若是萧军在四川，我打一个电报给他，请他接我出去，他一定会来接我的。"

至此，她清楚地知道，不管同萧军是分是合，萧军在她心中始终占有一个特殊的位置，任何人也无法代替。他们彼此都曾给予对方独一无二的爱，就算这份爱在岁月里沉寂，却永远不会消亡。

最后，萧红想到了一个朋友，就是香港东北救亡协会的领导人于毅夫。她挂了电话，于毅夫果然立刻来了。在他的同情和理解下，萧红终于如愿的出院了。

周鲸文同妻子一起到九龙来看萧红。萧红躺在那张破旧的床上，见到周鲸文夫妇来访，虽然努力振作，却还是一幅衰弱的样子。

周鲸文在心里埋怨于毅夫，劝萧红重回玛丽医院，像家里这样的环境对她这种疾病是有害处的。萧红点头应允。

周鲸文临走时留下了一些钱，并嘱咐端木蕻良为萧红办理重新入院的事。

一些朋友知道她出院，陆续前来看望，其中有茅盾、杨刚、胡风、柳亚子、骆宾基，等等。

萧红的肺病在时间的流逝中渐渐消耗着她的生命，她咳得厉害，睡得不宁，喉头的痰液越来越多。时代文学社的袁大顿帮忙料理左右。有一次，萧红要袁大顿替她到屈臣氏药房买一支摄氏体温计，因为不在行，他给买了一支华氏的回来。于是，萧红笑了，笑后，她温和地向跟前的青年解释了有关体温计的使用方法。

袁大顿回忆起来时，写道："萧红真挚的心魂的大门，在苦难临头时也是为人打开的。"

萧红正面临着生命的劫难，而香港这座城市却遭遇了战争。九龙陷入炮火之中，硝烟弥漫。清早，骆宾基搭乘巴士来到萧红的寓所。

对于骆宾基的到访，萧红是欢迎的，端木蕻良同样求之不得。他想去港岛同有关友人商议去留问题，正苦于无人照料萧红，见到骆宾基，就像见到救星似的，他可以毫无挂碍地走了。

柳亚子来到萧红卧病的房间，探望萧红，此时的萧红非常恐慌，他安慰说："不要怕。"

萧红说："我是要活的！"声音微弱，如同一个老人的絮语。柳亚子又安慰了萧红一会儿，就同端木蕻良走了。

萧红脸色惨白地说："你不要离开我，我怕……"

她要骆宾基伸出手来，说是自己过于疲倦了，需要闭闭眼。"这样，我的心里就踏实一些。"萧红闭着眼睛，像孩子一般。

这个时候的萧红，心中只求一份安稳，其他已经别无所求。

端木蕻良很晚才回来，带来一个消息，准备夜深时分偷渡海峡。

偷渡的渔船，据说是于毅夫为这三位东北作家准备的。当时，港九之间所有的公共汽车、电车、渡船都停驶了，海峡在夜间戒严，封锁了两岸的交通，要偷渡成功并不容易。何况，多出一个病人，增加了行动的不便，骆宾基是必须留下来的。

为了宽慰萧红，骆宾基曾经说过"怎么样也不会丢下你不管"之类的话。既然有言在先，他想，不管自己的私务多么急切地等待赶回去料理，也得耐心地等待，履行自己对病人所作的承诺。

下半夜，两三点钟过后，三人按晚间的协议行事。病人由骆宾基负责护理，端木蕻良携带简便行李，分坐两辆三轮车，到汽轮码头旁边事先约定的地点集合，然后登上小船。黎明前，他们终于经过一段紧张而沉寂的行驶，安然靠岸。之后在时代书店职员的协助下，抬着萧红，辗转了几处，最后住进思豪酒店。

房间空空荡荡。虽然有防空用的黑色窗帷，有电灯电话，但桌子上没有台布，沙发上没有罩布，木椅上没有坐垫，台灯也撤走了灯罩，一切物体都显得陈旧不堪。萧红被安置在有床帷架而没床帷的床上，床周围的铜栏杆柱子也是锈迹斑驳。整个房间，就像是一间破败的古董店，既不见酒店的经理人员，也不见白制服的侍者，仿佛酒店处于无人值班管理的状态。

在战争的阴霾笼罩之下，已经找不到任何光鲜之处。整个城市都伤痕累累。

把萧红送到这里，骆宾基觉得两天一夜的奔波，总算有了着落，不禁松了一口气。他打算晚上出去找私渡海峡的小划子，如果顺利，当夜就可以回到九龙寓所，把稿子和衣物带出来。时已黄昏，他见端木蕻良迟迟没有上楼，不知在楼下办理什么手续，有点心急了，于是跑出五楼的走廊等候，正好遇见专门来访萧红的《大公》报记者杨刚。他把杨刚带到萧红的房内，留下他们两人谈话，等候端木蕻良归来。

远远的海滩上不时传来炮声，骆宾基愈等心里愈急。

杨刚走后，骆宾基来到萧红床侧，问是不是自己还必须留在这里等端木蕻良回来才能离去。萧红要他坐下来。也许与来访者刚刚说完话，有过激动，她这时有些疲惫了，脸色愈加苍白、阴暗，说:"端木不会再来了!"

"这是为什么?"

"他要'突围'……"她语气平静,带着深深的哀伤。

骆宾基惊呆了。

考虑到英国几千人的驻军不可能长期守住这块租借地,骆宾基决计马上偷渡,而且要赶在日本的海军陆战队还未占领九龙市区之前回到自己的寓所,不然,稿子将毁于战火之中。骆宾基告诉萧红,他必须回去取稿子,取到之后,再回到这里探望她。这时,萧红突然转过脸去,显然不愿对方看见自己的眼泪。

"难道一个处于病中的朋友,她的生命就不及你的那些衣物珍贵?"

"当然不是这样的!"骆宾基低声辩解道,"朋友的生命,在我看来就像自己的生命一样珍贵。可是,我在桂林的桐油灯下写的那些稿子,我是看得比自己的生命还珍贵的!"

"那你就去!"

"我会连夜赶回来,绝不会把你摆在这里,从此不管了!"

"那就很难说了!"

"怎么难说呢?"

"你听我说,好么?你想,你真的能说回来就回来么?这是战争呀!你听炮声这么激烈,你知道九龙现在怎么样了?尤其是你的住所离码头那么远,坐巴士要坐二三十分钟,是太子道路底呀,那里是不是已经在巷战了?你怎么能冒这个险呢?……"

萧红是为朋友的安全担心。骆宾基听了,沉默了一会儿,终于留了下来。

归根结底,病人身旁没有一个照应的人,实在是不能就此离开的。而且，在整个战争中担负起与病人生死与共的护理责任，应当成为以鲁迅为主将的营垒中的战友之间的崇高义务，任何一个处于同样状态下的流亡的左翼东北作家都是不会推卸的。骆宾基沉思着，在萧红面前安定下来了。

"对现在的灾难，我所需要的就是友情的慷慨！不要以为我会在这个时候死了，我会好起来，我有自信。"自然，骆宾基的诺言，在萧红听来是无限欣慰的。

她的一双敏感的大眼睛，这时现出了胜利者喜悦的光辉。她以大姐般温存的语气，要他坐到床侧，说，她早已知道，他是不会把她丢开不管的。两人的友情，由此转入一个亲密无间的阶段，就像姐弟般坦率，战友般亲切，少男少女一般的纯洁与天真。

在四周空寂无人的地方，两个人开始了无尽无休的倾谈。在世界上，如果有一个人能够专注地倾听自己，该是多么幸福的事情呵！随着絮絮的叙说，萧红回到了童年，回到了青春时代，回到了焚烧着热恋和叛逆激情的岁月，和此后漫长的充满坎坷的流亡生活……

她说了许多同萧军在一起的往事，在这中间，给骆宾基印象最深的，还是她在回忆两人分手之后那种独立自主的昂扬情绪，仿佛从此摆脱了从属于对方的地位，就是个人的自由与解放，不屈的意志也就获得胜利了。

萧红说："……现在我要在我父亲面前投降了，惨败了，丢盔弃甲了。因为我的身体倒下来了，想不到我会有今天！……我要回到家乡去。你的责任是送我到上海。你不是要去青岛么？送我到许广平那里，你算是给了我很大的恩惠。这只是一两个礼拜之内的事情。我不会忘记。有一天，我还会健健康康地出来，我还有《呼兰河传》第二部要写……"

说到端木蕻良，萧红说："他么？各人有各人的打算，谁知道这样的人在世界上想追求些什么？我们不能共患难。"

她又说："我为什么要向别人诉苦呢？有苦，你就自己用手掩盖起来，一个人不能生活得太可怜了。要生活得美，但对自己的人就例外。"

"我不理解，怎么能和这样的人在一起共同生活三四年呢？这不太痛苦了么？"骆宾基问。

萧红说："筋骨若是痛得厉害了，皮肤流点血也就会变得麻木，不觉得有什么了。"

第二天，端木蕻良突然走了进来，还为萧红带来两个苹果。萧红沉默着，神色有点漠然。

"你还没有突围呀？"骆宾基问道。

"小包都打好了，等着消息呢！"端木蕻良回答说。他为萧红刷洗了痰盂，很快就离开了。

不久端木蕻良又走了回来，说了一些悔话。骆宾基是极其愤怒的，萧红却是坦然淡定。

似水流年芳尘去

晚上的时候，萧红的心情好了很多。她给柳亚子打了一个电话，愉快地笑着说："我完全像是好人似的了。我的精神很好。……"放下电话，她向骆宾基转述说："他听到我的声音，说，你能打电话了呀！他那个高兴的口气，哎呀！……在这样慌乱的时候，他还能注意到我的声音，说是从我的声音里就知道精神好了，这真是诗人的真挚。在这混乱的时候，谁还能注意一个友人的声音呢？"

大楼又恢复了它的空寂和平静，而他们之间的谈话，就又在一种友情的渴待中给接续起来。他们谈文学，谈鲁迅，谈各自的见闻……萧红的眼光，再也见不到先前那种神经质的闪烁不定的神色，她在怡然地谈说经历的往事之外，也倾心地谈及构思中的小说。

《红玻璃的故事》是萧红最后讲述的故事。然而故事还未讲完，六楼突然中弹，萧红被吓得一惊，电话也中断了。

她仿佛听见了命运的声音。

骆宾基带着萧红，在火光灯影里很快没入拥挤的人群中。

十天之内，经过数次迁移，她终于无法支持，最后只好从时代书店的职工宿舍转入跑马地养和医院。

萧红入院不久，端木蕻良又突然出现了，他向骆宾基表示歉意，并声称愿相陪照料病者。骆宾基持欢迎态度，他太劳累了，实在需要回到书店职工宿舍去睡一觉。

第二天，骆宾基来到养和医院时，医院已经诊断萧红为喉部肿瘤，决定动手术摘除。萧红和端木蕻良都同意医生的方案，只等骆宾基的意见了。骆宾基毫无医学知识，除了同意，还能说出别的什么话来呢？

手术过后，萧红的喉头接上铜嘴呼吸管。这一喷氧装置的安设，会发出咝咝的声响，连说话也带有咝咝的杂声了。这样的病痛让萧红更加感到无力。

晚上，萧红把端木蕻良打发走，对骆宾基单独作了关于《呼兰河传》和《马伯乐》两书版权的交代。稍后，骆宾基将相关的内容向站在走廊上的端木蕻良作了转达。

他们一起走进病房，萧红平静地靠在活椅式的病床上说："人类的精神只有两种，一种是向上发展的，追求他的最高峰；一种是向下的，卑劣和自私……作家在世界上追求什么呢？若是没有大的善良、大的慷慨，譬如说，端木，我说这话你听着，若是你在街上碰见一个孤苦无告的讨饭的，袋里若是还有多余的铜板，就掷给他两个，不要想，给他又有什么用呢？他向你伸手了，就给他。你不要管有用没有用，你管他有用没有用做什么？凡事对自己并不受多大损失，对人若有些好处的就该去做。我们生活着不是做这世界上的获得者，我们要给予。"

她又说："我本来还想写些东西，可是我知道我就要离开你们了，留着那半部《红楼》给别人写去了……你们难过什么呢？人，谁有不死的呢？总有那么一天……生活得这样，身体又这样虚，死，算什么呢！我很坦然的。"

萧红的眼睛润湿了，又低声说："这样死，我不甘心……"

她对生命，充满了深深地渴望，就算耗尽了最后一丝力气，她也还是要挣扎。

端木蕻良站在床侧，也哭了起来。

1942年1月18日中午，萧红由骆宾基和端木蕻良两人陪同，乘坐养和医院的红十字急救车，再转入玛丽医院。

医院给萧红做了检查，确诊为肺结核与恶性气管扩张。养和医院的误诊，致使萧红不能进食，只能靠注射葡萄糖维持生命。像是命运的捉弄，而这种不幸却真实的发生在了萧红的身上。

下午二时，萧红在手术室换了喉部的呼吸管。夜晚，她在六楼的病室里平静地躺着，盖了院方的白羊毛毯，不说一句话。

过了一整天，到了半夜十二点，萧红见骆宾基醒来，眼睛现出关切的神情,她微微笑着,做出要笔的手势。

她在拍纸簿上写道:"我将与碧水蓝天永处,留得那半部《红楼》给别人写了。"

当她写下最初九个字时,骆宾基对她说:"你不要这样想,为什么……"她挥手示意不要拦阻她的思路。

又写:"半生尽遭白眼冷遇……身先死,不甘,不甘。"

三时示意吃药,又吃了半个苹果。这时,她由喉口铜管呼吸,声带无力发音,但神色是恬静的。接着,她又要纸写:"这是你最后和我吃的一个苹果了!"

21日,一个美丽的早晨,充满温柔的阳光,萧红可以发音说话了。这时,她脸色红润,心情显得很愉快,而且吃了半个牛肉罐头。她说:"我完全好了似的,从来没有吃得这么多。"

她的精神有些反常,让骆宾基心中有些惶惑。她招呼骆宾基说:"坐下来抽支烟吧!没有火么?"

骆宾基说不想抽烟,实际上是没有火。萧红说:"我给你想法子。"

"这些事你就不要操心了,你养你的病好了!"端木蕻良说。

萧红说:"等一会儿,护士就来了。"她按了几下床头的电铃。

"你知道整个医院都没有人了。"骆宾基说完在大楼里到处找火柴,最后走出医院的大门。他想在附近的村子,或是在公路旁卖杂货的小摊,买一盒火柴。就这样,他走到了香港市区。他心里还是惦记着那些小说的稿子,他想萧红今天的状况又很好,于是,他安心的上船走了。

22日黎明,骆宾基回到香港,带了些食品去探望萧红,再上楼的时候,病人已经不在了。他的心忽然慌了,有一种不好的预感。

他赶紧到常去的书店宿舍去,看到端木蕻良的留条,告以萧红病危,嘱归后等他来接。不久,端木蕻良来了。

他告诉骆宾基,因为玛丽医院变成军管,只好临时转往红十字会设立的圣提士反临时病院。

萧红当时情况已经非常差了,她陷入了一种混沌的状态,一会儿清醒,一会儿迷糊,已经完全不能发声了。生命将尽,她脑海里浮现的是所有她最难以割舍的温暖。她向端木蕻良要来笔,写下了"鲁迅""大海"几个字。

这是她生命最后的怀念。

萧红早上六时就昏过去了,一直不省人事,看来已经无法挽救了……

骆宾基冲进医院,只见萧红仰脸躺着,脸色惨白,合着眼睛,头发散乱地披在枕后,渐渐的,脸色就灰暗了下来。

萧红在气息渐弱的时候,说:"我一生最大的痛苦和不幸全是因为我是一个女人。"

十一点,萧红停止了呼吸。所有的抗争和挣扎都停止了。

一抹绝艳的孤红,与蓝天碧海处永寂。一生跋涉,在另一片天空里靠岸。她的灵魂之花,艳艳地开在光阴里,永生不灭。

"落花无语对萧红。"这是端木蕻良在萧红重病时的感伤之作。

问花花不语,为谁开?为谁落?算三分春色,半入流水,半入尘埃。

萧红,一朵浮萍,归天,靠岸。

萧红沉寂了,整个香港也一片灰暗,硝烟迷茫着整个天空,人们满心惊恐。仿佛是一座城,在为她的离去沉痛哀悼。